子育てと健康

17

シリーズ

子どもの障害をどう受容するか

家族支援と援助者の役割

中田洋二郎

(臨床心理士・福島大学大学院教授)

大月書店

子どもの障害をどう受容するか◆目次

1 家族との出会い

2 障害受容と障害の告知

3 「見えない障害」の受容

4 障害受容と慢性的悲哀

●装丁・レイアウト――渡辺美知子●カバー画――オノビン

1
家族との出会い

はじめに

私は現在、福島にある大学の教官をしています。とても静かな大学です。春にはホトトギスやカッコウが授業のじゃまをします。夏には智恵子抄で知られるあだたら山のなだらかな稜線がハイキング気分を誘います。秋には街路樹の桂がハートの形の葉を黄色く染め、キャンパスを飾ります。冬には会津から車の屋根に雪をのせて学生が夜間の授業に通ってきます。

私は社会人向けの大学院の教員です。学生のなかには教師がたくさんいます。普通学級や特殊学級や情緒障害児学級や養護学校で、障害のある生徒を教えています。難しい子どもたちの指導に何かよいヒントはないか、それを求めて大学院に通っています。私は発達臨床の授業で、「子どもの発達を支えるには、まず家族を支えることからはじめなければならない」と伝えます。彼らはそのことが新鮮だといいます。

この何度も言われてきた当たり前のことが、なぜ新たな感じで聞こえるのでしょうか。彼らにそれが理解できていなかったとは思えません。言葉としては理解していたことです。私がかつてそうだったように、子どもの発達を願う職業の者が捕まる罠に彼らもとらえられているのでしょうか。

当たり前のことですが子どもを育てているのは家族です。それに協力するのが私たち専門家です。その専門家は、私のような臨床心理士、あるいは医師、保育士、幼稚園教諭、学校の教師、養護教諭、ほかにも多くの人びとがいます。子どもを発達させることにやっきになればなるほど、その専門家がおちいる過ちがあります。障害をもつ子どもの背景が見えなくなるのです。

私も、障害をもつ子どもの家族のことを考えずに仕事をしていたことがあります。この本でお話することは、障害をもつ子どもの家族にかんしてたどりついた私なりの考えです。それが読者のみなさんの保育や教育や臨床に役立つことを祈っています。

発達に障害のある子どもとの出会い

心理学を学び始めたころ、私は子どもにどう接すればよいかとまどいました。末っ子だった私は幼い子どもと接したことがなかったのです。とくに子どものわがままさが苦手で、子どもが好きではないと思っていました。だから現在のような子どもの心理臨床の仕事をする気はまったくなかったのです。

子どもの仕事をはじめるきっかけは偶然のことでした。大学に入って何を専門にしようかと迷っていたときに、たまたま先輩から自閉症のボランティアの仕事を紹介されました。自閉症がどんな障害か学べて、多少のお小遣いがもらえるという気持ちで引き受けました。

昭和四六年ごろで自閉症児の親の会が発足してまだ間もない時期でしたが、その親の会の大会が開かれているあいだ、会員のお子さんに付き添うアルバイトでした。私が担当した子は不思議な子でした。自閉症をもつ子どもはきっと同じような不思議さをもっていたのでしょうが、そのときの私は自閉症がどんな症状なのか実際には知らなかったのです。

障害児と聞いて予想したのは、幼い頃に友だちだった知恵の遅れた子のことでした。どこかボーっとした視線をして、話がまどろっこしくて、話しかけられても何かよくわからなくて、汗かおしっこか彼だけの匂いがしました。しかし、私が預かった子は違いました。小学校の高学年で、何かを深く考えるような目をしていました。想像していた障害児とは違って端正な容姿だったのです。

私が話しかけても、冷たい横顔を向けたまま、じっと遠くの建物を見つめていました。彼には言葉がないのだと思いました。自閉症には言葉が出ない子どもが多いと聞かされていたからです。

母親が彼と私を残して会場に去って行くと、彼は急に駆け出していきました。あわてて追いかけると、手入れのいきとどいた立派な植え込みをはさんで、さっき見ていた建物の玄関が間近に見えるところで彼は立ち止まりました。そこは結婚式場か何かでしょうか、数人の人が礼服を着て向かい合って挨拶をしています。

突然彼が言葉を発しました。「いろいろお世話をおかけしました。ありがとうございました」。それは玄関にいる人が言ったことのようで、風が運んできたのだろうかと、私は自分の耳を疑いました。届くはずのない遠くの人びとの声を、彼が本当に言ったのです。彼の口から発する言葉を見定めようと振り向いたとき、彼はもういなくなっていました。

追いかけっこの再開でした。裏通りの商店街の一角で姿が消えます。追いついて見るとそこは風呂屋でした。番台の脇から脱衣場をのぞくと、彼はこちらのほうを見て立っています。私の斜め上に視線を据えて、端正な表情で何かをじっと考えながら。番台の大きな柱時計が午後三時のときの鐘を鳴らすまで。

当時はまだどこの街にも銭湯がありました。銭湯には決まったように立派な柱時計がかかっていました。彼はそれが好きだったのです。「初めての街でも必ず銭湯を探し出す、不思議な能力をもった子」だと彼のお母さんは教えてくれました。

物言わぬ子が大人の儀礼的な会話を写し取り、ただ走っているだけの子が知らない場所で自分の大好きな物を即座に見つけだす。私は自閉症というふしぎな障害に興味をもちはじめました。今考えると、子どもが苦手だと思っていた私は、向こうからは何も言わない自閉症という障害が安心だったのかもしれません。

発達障害に踏み込むきっかけとなったのはこんな偶然の出来事からでした。その後さまざまな障害をもつ子どもの家族と出会いました。しかし、私の関心は家族ではなく、普通とは違う発達をする子どもたちにあったのです。

障害を持つ子の個性と能力

「最初の職場はその人の人生の方向を決める」。そう言われたのは、東京の精神薄弱児通園施設に初めて出勤した日でした。それは園長の決まり文句だったのですが、なぜかその言葉が心に残りました。私が勤めた施設の子どもたちは学校へ行けない子どもたちでした。今では考えられないことですが、当時は障害をもつ多くの子どもが学校に行けなかったのです。就学猶予、就学免除という名目で公的な教育制度からはずされ、家のなかだけで生活したり、コロニーと呼ばれる福祉施設に入所したり、私が勤めていたような障害児の福祉施設に通っていました。

さまざまな子どもたちがいました。発達障害というのは、知恵遅れか、視線が合わないか、しゃべることができない、そんなふうに想像していました。しかし、その施設の子どもの障害はさまざまでした。ともに生活してみると、障害よりもなによりも、その子どもたちのそれぞれの個性に圧倒されました。

運動神経が非常に優れた男の子がいました。年は小学校の中学年にあたります。全くしゃべらず、何か伝えたいことがあると、飛んできて私の頬にキスをする子でした。お昼休みの楽しみは自転車に乗ることでした。園庭で遊ぶ園児や職員を上手にかわしながらフルスピードで乗りまわします。

園には、太い骨組みでリヤカーが引ける頑丈な黒い自転車がありました。大きさも重さもその子どもの倍くらいあります。子どもにはとてもまともには乗れない代物です。その子は、フレームの三角形のところに足を突っ込み、身体を斜めにしてバランスをとって乗ります。いわゆる三角乗りです。自転車が高価で買えなかった時代に、子どものあいだで流行った実用自転車の乗り方でした。

子どものころ私も魚屋だった友人の店の自転車に乗せてもらいました。転んだときにのしかかってくる自転車の重さはとても痛く、最初の怖さを克服するのが大変でした。乗れる子から何度もコツを教わってやっと乗れるようになったのを覚えています。それを、言葉をしゃべらず、人の言うことがほとんど理解できない子が、いとも簡単に乗り回しているのです。誰に教えられたのでもなくその乗り方を覚えたのです。その子は他のことも同じようにただじっと見るだけで覚えてしまいました。私が担当した技術の時間に、のこぎりをひくときの力の入れ具合を最初に身につけたのもその子でした。

ダウン症の子どもたちもたくさんいました。まるで兄弟姉妹のように似ています。彼らと接する前はそう思っていました。しかし、目や鼻や口や、眉や額や髪の生え際や、しぐさに彼らの両親やきょうだいたちがいます。図と地を逆にすると花瓶が人の横顔に変わるだまし絵のように、毎日一緒にいるとだんだんダウン症ではないひとりひとりの顔が見えてきます。

自分からすすんでやることも、他人に言われるとてこでも動こうとしない子がいます。私の姿を見ると走り寄ってきて、すぐに腕を組みたがる甘えん坊もいました。私が何かを探していると、私が置き忘れたところから、それを持ってきてくれる不思議な力をもった子もいました。一人ひとりが個性と能力をもっていました。

障害をもつ子どもは知恵が遅れているから人とのかかわりが悪い？　そうではなかったのです。それぞれの子どもがその子らしい形で私にかかわってくるのです。それは、彼らの障害から生まれるのではなく個性から生まれる形でした。障害よりも個性のほうが大きいということを肌で知ったのは、その後の私にとって大切な経験だったと思います。

障害児訓練施設でのある家族との出会い

私が精神薄弱児通園施設に勤めた当時は、東京都は美濃部都政のころで福祉と教育に潤沢な予算が組まれた時代でした。文部省が定めた昭和五四年度からの養護学校教育の義務化を先取りし、昭和四九年から、すでに障害児のための養護学校を建設しはじめました。どの県よりも早く障害児の義務教育化を押し進めていました。そのため、私が勤めた精神薄弱児の通園施設は岐路に立たされていました。在園児の数が激減し始めたのです。子どもの半数が学校に去り、翌年にはその半分が去り、つぎの年にはまったくいなくなり、いずれは職場がなくなってしまう、そういう危機的な意識が職場にただよっていました。

施設の存続をかけて何か新しい役割を探さなければなりません。二つの案が出ました。成人か幼児の通園施設です。成人の施設は福祉作業所や授産施設がすでにありました。しかし、そこにも通えない障害者が大勢いたのです。今は生活実習所とよばれていますが、その人たちの生活の場を作る案が有力でした。そこならば障害をもつ学齢児の生活を支えてきたノウハウが活かせる、これまでの障害福祉の隙間が埋められる、そういう想いだったと思います。ただ、それが法制化されなければ事業は始められません。そこで、すぐに実現可能だったのが障害をもつ幼児の通園施設でした。在園児の年齢基準さえ変えられれば、明日からでも始められます。

将来は別にしても、とりあえず幼児の施設を始めるべきだ、それが職場の結論でした。なにしろ、日によっては子どもたちより職員の数が多くなっていたのです。福祉事務所に連絡し、広報を使い、障害をもつ幼児を募集しました。多くの子どもたちが集まりました。軽度の知的障害の子どもも重度の子どももいました。新たに幼児クラスがつくられ、私もそのクラスの担任になりました。保母と福祉指導員と心理判定員の四人で、六人の幼児を保育することになりました。

休みがちな子どもたちでした。一対一で指導する日も少なくありません。子どもの数に比べ担任が多すぎる日もありました。それでも私たちには幼児の保育は大変な仕事でした。それまで保育していた学齢児は生活面ではほぼ自立した子どもたちだったからです。通園施設で算数や国語を教えていたのです。幼児にもそういうことができるだろうと漠然と考えていました。ところが、入園してきた子どもたちは、まだオムツをしていて、話すこともできず、食事には介助が必要な子たちでした。外出するにも常に手を引いていなければ、いつ路上に飛び出すかわかりません。神経を張りつめ身体をはっての指導でした。

そのクラスにてんかんの持病のある子がいました。翌年が就学の年だったので、五歳か六歳児だったと思います。重い病気でした。発作のたびに今までできていたことができなくなるのです。抗痙攣《けいれん》剤も効果がなく、毎日、何度も小さな発作が続きました。入園していたときにはスプーンを持っていたのが持てなくなり、支えなしで歩いていたのが両足が絡みあってまっすぐに歩けなくなり、視線があっていたのが斜視になって焦点があわなくなりました。日増しに発達が戻っていくのです。指導する者としての悩みは、「自分たちは何を教えられるのか」ということでした。自分たちが何もわかっていないのに何かを伝えたり、教えられないで指導をするということくらいつらいことはありません。

だんだん、この子の指導は通園施設では無理だという考えが、私たちの心のなかで大きくなっていきました。しかし、私たちはそういう重い障害をあつかう力がないまま幼児の指導を始めたのです。いわば自分たちの力を評価できず、また障害の状態も評価せずに、応募してくる幼児を施設の存続のために受け入れたのです。非は私たちにあるのかもしれません。そう思っても、現実に園庭を酔ったように歩きまわる姿を見ると、学齢児が勢いよく乗り回す重い自転車にはねられるのではないか心配になります。燕下《えんげ》が難しくなると、食べ物を喉《のど》に詰まらせてしまう心配もあります。危惧の声は担任の私たちだけでなく、他のクラスからもあがりました。

月日としてはどれくらいだったでしょうか。とても永い期間のように思えます。

月に二度ほど、私はその子どもの両親と会い続けました。心理判定員という職種は入園時に家族面接を担当します。面接といっても家族構成などの家庭環境調査を形式的に行う程度です。退園のために家族に会うのは仕事ではありません。しかし、他にそれをやる適切な職種がない以上、退園させるための家族面接も私がやらなければならなかったのです。

両親に会って、「発作で失っていく発達を私たちの力では止めることができない。園庭を歩くのが楽しみだが、それがとても危険で教室の外に出せない。こういう状態で私たちが指導できることがなくなってしまっている」ということを話しました。両親はその都度静かに聞いているのですが、けっして園をやめることに同意しません。何回も何回も同じ面接を繰り返しました。

最後の面接になった日、父親が静かに穏やかに「わかりました。やめさせます」と言いました。そして「この子の状態が悪くなることを、担当の医師から言われていました。せっかく生まれてきたのに、他の子どもと遊べないまま、命がつきるのは忍びなかったのです。幼稚園や保育園は無理だと思っていました。この園の募集があって、子どもたちと一緒にいられる場所をやっと見つけることができました。これまでありがとうございました」と話されました。

私は、その言葉と両親の態度に何か今まで経験したことのない不思議なものを感じました。こちらの事情で退園させるのだから、泣きつかれたり、こちらの身勝手さを非難されても仕方がないのです。そのほうがこれほど記憶に残らなかったかもしれません。

しかし両親はまったく私を責める様子もなく、たんたんと話し静かに去っていきました。足がもつれるようになっていた子どもをバギーカーに乗せ、それを押しながら妹の手を引いて、並んで陽が傾きかけた園庭を横切っていく姿は、公園を散歩する親子連れのようにのどかな光景でした。

障害をもつことは悲しいこと、大変な苦労を強いられることと思っていた私は、窓越しからずっとその親子を見ていて、自分の考えや感じ方に違和感を感じたのです。朝もやのなかの波紋ひとつない澄んだ湖面を見るように、その家族の心は澄んでいました。両親の落ち着きは、何かを突き抜けた人のような感じでした。言葉にすれば「達観」とか、自分がもっている価値とは質的に異なる価値を持っていると言えるかもしれません。

施設にいていろいろな子どもたちや家族と接すると、ものごとのさまざまな面が見えてきます。しかし、気づいたことや大事にしたい経験も日常のなかでしだいに印象が薄くなり、思い出さなくなります。しかし、この家族は心の隅にいつもいて、「障害があることは不幸なことでしかないのですか」と問いかけ続けるのです。

乳幼児健診のジレンマ

重いてんかん発作が獲得した能力を奪っていく。その現実を毎日の指導なかで経験した私は、乳児の初期の発達について学びたいという気持ちが強くなっていました。発達心理学の教科書で学んだことは通園施設で実際の指導に役立てるには限界があったのです。退行していく発達について学ぶにはどうすればいいのでしょうか。日常のなかで乳児の行動を観察し、そこから学ぶしかないように思います。

勤めていた施設を辞めることになり、自由な時間を与えられ私は乳児院に通いはじめました。当時の乳児院には男性が少なく、子どもたちは人見知りし大泣きをします。ひと月くらい通い続けると、女性ではできない乱暴な遊びが楽しくて、一歳や二歳の子どもがまとわりついてくるようになります。保母にとっても男性の保育は珍しいのでしょう、首のすわらぬ乳児のミルクの飲ませ方、授乳後のげっぷの出し方、じっとしていない一歳児のおむつの替え方を教えられました。

子どもと遊んだり保育の手伝いをしながら、多くの子どもの成長と発達を観察することができました。乳児の身体の動きや表情を二四時間観察したり、赤ちゃんのかわいらしい手の動きに魅せられて子どもの手を何カ月も観察したこともありました。

　昭和五〇年代のはじめ、乳児院は担当保育制という方法を取り入れ、家庭での母子関係と同じような環境づくりを試みていました。私が通った乳児院でも担当制に熱心に取り組んでいました。この乳児院での愛着行動の形成をテーマに、特定の乳児と保育者のかかわりを観察したこともあります。担当保育者への後追いや訪問者への人見知りなどを通して、母子関係の発達を学んだと思います。

　そのころ一歳半での乳児健診の仕事をえました。乳幼児の健診として三歳児健診が早くから施行されていましたが、病気や障害を早期に発見し、早期に治療し予防するために一歳半の乳幼児健康診査が昭和五二年から始まりました。私の主な仕事は、健診を受けにきた子どもの精神発達の問題や障害の可能性を調べることでした。乳児院の経験を通して自分なりの発達のスケールをもち、発達的な見立てができるようになっていたので、親がどこかおかしいなと感じ、あるいは保健婦が何か問題があるといけないからと思って発達相談にまわす子どもに、発達障害の兆候を見つけるのは容易なことでした。

　健診の場で即座に障害を診断することができない場合も半年くらい経過をみていくと、その子の障害の性質と程度が判断できるのです。健診後のカンファレンスでは、「先生、この子がそんなに問題ですか？　経過観察までの必要はないでしょう?」と、言われることもありました。しかし、一年、二年と経過を観察すると、私の予想が当たり健診スタッフも発達相談の見立てを信頼するようになっていきました。

子どもの発達の異常に半信半疑だった親も、見立てが適切であれば発達相談を信頼し経過を観察してもらうために通ってくるようになりました。私は「子どもの発達を見る眼」に自信をもって天狗になっていました。細かい発達的変化を見落とさず、それを通ってくる親に伝えました。小さくても確実な進歩を見つけて、障害のある子どもが発達していく姿を家族と分かち合うことが、発達相談の喜びであり、やるべきことだと思っていたのです。

ところが、ある母親が突然相談にこなくなりました。それまでは育児ノートを持参し、日々の様子や子どものさまざまな変化を伝えてくれた人でした。とても熱心で私への信頼も篤いと思っていました。健診というのは半ば強制的に家族を相談の場に引っぱり出します。そのこと自体、家族にとって迷惑なことですが、そのうえ子どもに何か異常があるかもしれないという不安まで押しつけられるのです。だから途中で相談が中断してしまう例も少なくありません。その母親は押しつけがましい健診を嫌うこともなく、熱心に相談に通う人でした。

その母親の最後の面接で私は何をいったのだろうか、そのことが母親を傷つけたのだろうか、随分悩みました。そういう気持ちを察してくれたのでしょう。担当の保健婦が家庭訪問をしてくれました。その保健婦は、私が健診の仕事をするようになってから、親が精神障害をもつ家族や、虐待を疑うような親子など、難しいケースに一緒に取り組んできた人でした。

母親はつぎのように話したと言います、「最初は相談に通い、教えられたことをやってみるとたしかに子どもは変わってきた。子どものためには相談に行くことは必要だと思うのだけれど、子どもの変化がわかると、ほかの子との開きもはっきりとわかってくる。それがつらくなって通うのを休んでいるのです。ほかの子どもたちはどんどん大きくなっていく。そうするとだんだん自分の子どもの変化がすごく小さく思えてくるのです」。

保健婦は、「先生が熱心に子どもの発達をみればみるほど、あのお母さんには、自分の子どもの障害をつきつけられるような思いがするのではないですか」と率直に言います。それまでは、子どもの発達を支援するために発達を細かく観察することが大切だと信じ、家族も同じように子どもの変化を大事にしてくれると思っていました。この母親の心情を知ったときはショックでした。健診で何をしていけばいいのか、熱心にやっていた健診にジレンマを感じました。「この仕事をいつ辞めようか」と迷うほどでした。

私が感じた乳幼児健診へのジレンマは、おそらく私に特有なことではないでしょう。障害の早期発見・早期治療が大切であることは疑う余地のないことです。しかし、発見後のケアが確立していない段階では、障害が重かろうが軽かろうが、健診で障害を発見しそれを親に伝える第一線の専門家は同じようなつらさを経験するからです。治療のためのケアが確立する以前に、障害を見つける技術の方が先行するかぎり、この健診の矛盾は続くのです。

それぞれの家族の事情

どこの市町村でも乳幼児健診の早期発見・早期治療に同じような矛盾が起きていたのでしょう、昭和六一年から一歳半の事後指導に国の予算がつきました。その予算を使って私が仕事をしていた市では、一歳半健診で発達に問題があると判断された子どもや子育てに不安をもつ母親を対象に、月に二回の親子遊びのグループ活動を始めました。保健婦、保母、知的障害のある幼児の療育施設の指導員、そして発達相談員の私がグループの指導にあたりました。

その活動は障害の治療教育の場としては、グループ指導の回数もスタッフの構成も十分なものではありません。しかし、健診で子どもの発達の問題を指摘された親にとって、まだ早期治療がほとんどかけ声だけで中味がなかった当時においては、具体的な援助を提供される唯一の場所でした。同様の不安をもつ他の親と出会え、他の子どもの様子を知り、それぞれの子どもの発達を見守り、グループに参加した指導員を通して、障害児の通園施設のことを知る機会は、私が障害のある子どもの親と発達相談を続けていくうえで、その後ずいぶんと助けになりました。

障害のある子どもの発達を支援するのに、月に一回の親との相談がすべてだったときとは違って面接にゆとりがでてきます。するといろいろなことが見えてきました。また、自分自身に子どもができ実際に子育てをしてみると、子どもの成長を現実の生活で最優先にできないこともわかってきました。親には親の事情がありまず。子どもに障害があっても、それぞれの家庭には変えることのできない家族の営みがあるのです。

ある軽度の発達の遅れが見つかった子どもの母親は、いつも笑みを絶やさない人でした。障害があることを話しても、静かに頷くだけで、心配する様子も子どもの成長の遅さに焦る様子もありません。たんたんとした態度で、母親はいつもニコニコと事後指導のグループに通っていました。

ある日のグループ指導後のカンファレンスで、この子がグループを卒業した後の進路のことが話題になりました。この子の発達を促すには、障害児の通園施設に一度入所してから保育園か幼稚園に進むのがよいと私は思っていました。しかし、スタッフの関心は、そのことよりも、子どもの進路について母親と話すときの、母親の態度のことに集中しました。あの母親は何を考えているかわからない、子どもに障害があることが本当にわかっているのだろうか、このままだとグループ指導が修了したあとまた家庭にこもってしまうだろう。出てくる意見は母親に対する批判的なもので、母親の子育ての能力を疑うものばかりでした。スタッフの誰もが手応えのない母親に、いらだちのようなものを感じていたのです。

子どもの発達の支援を専門とする職業には、親ならば子どもの発達を促すためにどんなことでも受け入れるものだという思いこみがあります。その背景には他人であるわれわれがこれほど子どもの指導に腐心しているのだから、親はもっと努力して当然という思いがあるのでしょう。こういう親に出会うと、私たちはよく「障害が受容できていない」と言います。そのカンファレンスの多くの意見もそうだったように思います。

保健婦が家庭の状況を調べ、また継続相談の母親の話で、家庭の様子がわかってきました。夫は慢性の病気で入院していて、ひとりで夫の両親と同居して暮らしていたのです。古い家柄でしゅうとは世間体をとても気にする人です。そのうえ、夫が病気だとわかったときには、「家のやりくりが下手だから息子が身体をこわしたのだ」と、しゅうとめにさんざん責められたのです。病気の夫を抱えては、その家を出ることもできず、「おまえのせいで障害になった」と責められそうで、子どもに障害があることも話せず、母親ひとり耐えてきたのです。そのことを話すときも穏やかにたんたんと話します。つらい現実をそうやって静かに受けとめていたのです。

子どもに障害があるとわかっていながら、それを表面に出せないことは、子どもの障害のために努力するのと同じくらいに忍耐のいることでしょう。私たちから障害児の通園施設への入所を勧められても、「うちの近所で施設の通園バスに乗るとなると、おばあちゃんが絶対反対するから」といって、週に一度の通園施設での療育指導を選びました。健診から五年間この親子との相談が続きました。特殊学級を就学先に選んだと報告にきてくれたとき、私が、祖父母は反対しなかったのかと聞くと、「この子にいちばん合ったところに行くのがいい」と言ってくれたと、笑って言います。

長い間の苦労を垣間見ていた私は、母親はやっと楽になったのだなと思いました。しかし、母親は健診で最初にあったときと変わらず、これまでと同じように、とらえどころのない微笑みをうかべています。きっと、これからも微笑は周囲の誤解を受けるでしょう。しかし母親は、少しずつ周囲を変えて子どものためになる方向に進んでいくのだろうと感じました。バランスのよい小さな船が、力強くはないけれども、確実に進路に向かっていくように。

ほかにも障害を認めない頑固な親や、進路をなかなか決めずじれったくなる親や、子どもの障害が治ると言い張る親もいました。私たち専門家から見ると、どの親も「障害が受容できていない」と見えるのですが、その親たちとの発達相談が続いていくと、その人なりのいろいろな事情が見えてきます。それぞれの家族は、いろいろな家庭の事情を抱えながらも、障害をもつ子どもの子育てに懸命に取り組んでいるのです。

現在は「家族支援が大切」といわれる時代です。家族中心の考えは当然のことだと思われるかもしれません。しかし私は自分の経験を通して、家族を支えることが、障害をもつ子どもの発達支援なのだということに気づいたのです。そして、まず私たちが安易に口にする「障害受容」とはどういうことなのか、そのことをあらためて考えてみようという気持ちになっていったのです。

2

障害受容と障害の告知

障害と喪失感

病気や障害の診断は、人の感情を正か負のどちらかの極に向かわせます。診断の結果が不治の病であれば、人はひどく混乱し落胆し悲嘆にくれます。それは医療にとってはなはだやっかいです。患者の治療意欲を奪うからです。そのため、治療にたずさわる専門家もまた患者自身も、この負の感情の行き先を見据えなければなりません。

『死の瞬間』を書いたエリザベス・キューブラー・ロスは、その著作のなかで、不治の病を宣告された患者の心の動きを、「否認と隔離、孤立化、怒り、取り引き、抑うつ、受容」という段階としてとらえています。つまり、誰であろうと不治の病の宣告は衝撃であり、その知らせが事実でないことを祈ります。その願いを否定するために、悪いニュースはできるだけ遠ざけます。それが否認と隔離、あるいは孤立化と言われる状態です。しかし、歴然たる検査結果を前にして、事実を否定しきれないとき、なぜ自分だけに不幸がおとずれるのか、どんな罪でこれほどの罰を受けなければならないのかという、運命の理不尽さへの憤りが生じます。それは怒りという段階としてとらえられます。怒りをぶつける相手もなく、この過酷な運命から逃れることができるなら、なんにでも甘んじると思うとき、それが取引という状態です。そして、戦うすべを失って生じるのが無力感、つまり抑うつという状態だと考えられます。そのような感情の変化を経過して、人はやっと現実を受け入れる最後の受容という段階に到達すると、エリザベス・キューブラー・ロスは述べています。

この心の変化と非常に似た状態が、障害をもつ子どもの親にも生じるといわれます。図①はドローターという医師が先天性の奇形がある子どもをもった親の心理的な反応を描いたものです。この図は、ショック、否定、悲しみと怒り、適応、再起という、性質の異なる五つの心の状態が、図のように少しずつ重なり合いながら、段階的に変化していくことを表しています。衝撃、否認、怒り、悲しみ、そしてそれを終えて受容や適応という変化にいたるところは、エリザベス・キューブラー・ロスの記述にとても似ています。

発達障害の場合も、親の多くは同じ様な感情の変化を経験すると考えられています。そのため障害をもつ子どもの家族

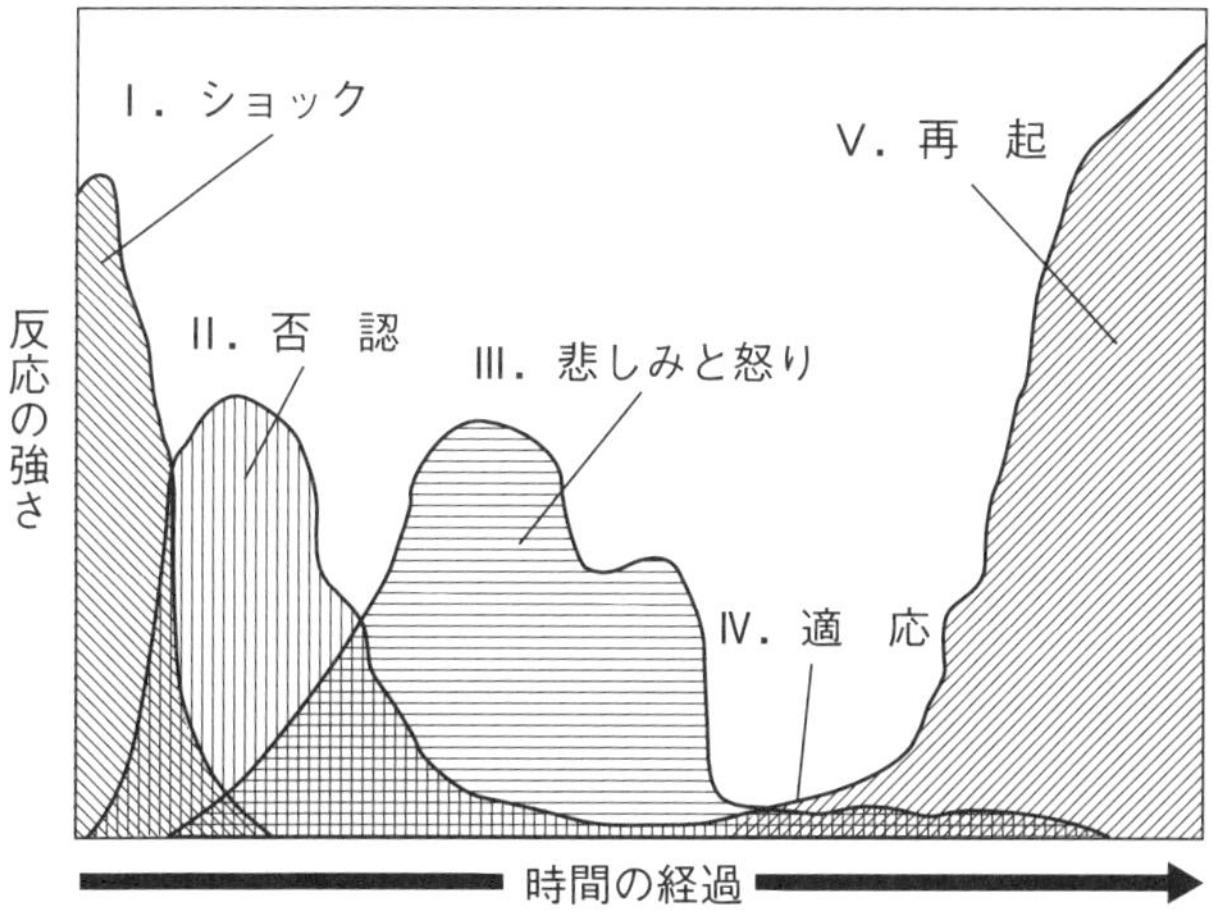

図①　ドローターらの「先天奇形をもつ子どもの誕生に対する親の正常な反応」（1975）

について述べられるときに、必ずと言っていいほど、このドローターの説は引用されます。

ところで、不治の病と、障害のある子どもをもつことが、なぜこのような同じ心の変化をもたらすのでしょうか。それは、どちらも大切なものを失うことによって生じる喪失感あるいは喪失にともなう悲哀と呼ばれる感情として説明されます。精神分析の祖であるフロイトは「悲哀とメランコリー」という論文のなかで、その感情をつぎのように説明しています。

「悲哀はきまって愛する者を失ったための反応であるか、あるいは祖国、自由、理想などのような、愛する者のかわりになった抽象物の対象に対する反応である。(中略)われわれは、時期がすぎれば悲哀は克服されるものと信じていて、悲哀感のおこらぬことはかえって理屈にあわぬ不健全なことと思っているのである。」

愛する肉親やかわいがっていたペットを失うことは、誰もが一度は経験することです。その際に生じる喪失感を私たちは知っています。そういう状態に陥ったときに私たちはどう対処するでしょうか。人の励ましは役立ちません。気分を変えるために旅行をしたり、なにか新しいことを趣味にしようとしたり、とにかく悲しさを紛らわそうとします。しかし、結果はどうでしょうか。ほんの少しの油断、心のすき間に必ず悲しみが忍び込んできます。そのつらさを本当に癒してくれるのはただ時間だけです。喪失感にともなう悲哀が、自然な反応であり、時間とともにいずれは恢復することは、障害のある子どもの親の場合も同じです。

ところで、生命の誕生という出来事に対して、なぜ喪失感が生じるのでしょうか。子どもの誕生が親に悲哀を感じさせることを不思議だとは思いませんか。そのことにかんして精神分析では、障害のある子どもの誕生は「期待した健康な子どもの死」であると説明しています。そう考えれば、子どもの誕生に際して喪失感が生じることに理屈が通ります。たとえばつぎのように述べた論文があります。

「障害児の誕生は『期待した子どもの死』である。その喪の過程を持続し安定させなければ、期待した健康な子どもへの切望が、亡霊のように家族がわが子になじむのを妨げつづける」（ソルニットとスターク『障害児の誕生と喪』一九六一）。

あるいは、つぎのようにも述べられています。「障害児の誕生後、二ないし三か月のあいだ、ケースワークでの面接は、妊娠中のファンタジーに話の焦点を合わせるべきである。母親が健康な子どもを産みたかったという想いから解き放たれるまでは、現実的な事柄を話し合うべきではない」（ケネディー『欠陥のある乳児の母親の反応』一九七〇）。

つまり、親は子どもに障害がないことを当然のこととしており、子どもの障害を知ることはその期待を打ち砕く死の宣告に等しいという意見です。たしかに子どもの障害を親が受け入れることは難しいことです。しかし、その困難さが「期待した健康な子どもの死」によって起きる喪失感かどうかは疑問です。「障害のある子どもの誕生」イコール「理想の子どもの死」、すなわち「喪失感と悲哀」という公式はあまりにも単純すぎます。

子どもの障害を知らされる状況が自分自身に起きたとしましょう。そのときの心情は、世間への羞恥心、他の家族へのすまなさ、障害のある子どもを育てることの自信のなさ、子どもの成長にともなって起きる困難に対する不安と恐怖心など、さまざまな思いが入り交じる複雑なものではないでしょうか。

障害のある子どもの誕生によって何かを失ったとすれば、それは混乱の末に生じる親としての自信だろうと思います。しかも、その喪失感には、障害に対する世間の偏見や、障害福祉の貧困さへの失望など、心の内部の問題だけでなく、さまざまな社会的な要因が影響しているのではないでしょうか。けっして愛する物の喪失感だけだとは考えられません。

現在、障害告知に際して障害のある子どもの誕生を「期待した健康な子どもの死」と考える専門家はおそらくいないでしょう。ただ、悲哀の感情によく似た状態にメランコリーとよばれるものがあり、障害を告知された親はメランコリーに陥りやすいと考えられています。それは生活への意欲を失った抑うつ的な病的な状態です。そのため、人が亡くなったときにお葬式をするように、子どもの障害を知ったときには悲しみにくれるのが当然であり、モーニングワークのようなことが必要だと考えられています。そのモーニングワークが十分でないとき、人はメランコリーに陥ると考えられるからです。

価値観の変化としての障害受容

モーニングワークの大切さは否定しませんが、障害による悲しみを癒すことにのみ注意をむけると、障害の否定的な面が強調されます。現実には障害のある子どものいる家族の大半は、ごく普通の家庭生活を送っています。子どもの障害をきっかけに知り合った人びとと、他の家族が経験しないような深いかかわりをもつ家族もいます。障害には否定的な面だけでなくもっと違う側面もあるのではないでしょうか。

欧米の障害受容の段階を整理すると、主に四つの段階にまとめることができます。一番初めは、危機反応つまりショック状態、つぎに混乱と否認の状態、さらに怒りや悲哀や抑うつなどの負の感情が持続する時期、そして最終的に適応する段階です。わが国の障害受容の考えでは、この最終段階にさらに価値観の変化という状態がくわわります。

たとえば、リハビリテーション医療の専門医である上田敏は、中途身体障害者の障害受容についてつぎのように述べています。

「障害の受容とはあきらめでも居直りでもなく、障害に対する価値観（感）の転換であり、障害をもつことが自己の全体としての人間的価値を低下させるものではないことの認識と体得をつうじて、恥の意識や劣等感を克服し、積極的な生活態度に転ずることである」（上田敏『リハビリテーションを考える』一九八六）

この既述では、障害受容がたんに障害の前の落ち着いた状態に戻るだけでなく、新しい価値観をもった成長した心の状態に達することと考えられています。こういう考えの背景には、おそらく達観や悟りといった東洋的な物の考え方の影響があるのでしょう。発達障害の受容において、同様に、人間としての成長や価値観の転換にふれた既述が、わが国の文献には認められます。たとえば「親自身の人間的成長（鑪幹八郎、一九六三）」、「母親が自己の成長を感じる（田中千穂子、丹羽俊子、一九九〇）」、「変革──『障害』を劣等と捉えない障害者観（要田洋江、一九八九）」などです（資料1、2、3）。

障害をもつ人びとやその家族が前向きに生きている姿を、私たちは手記やメディアを通して知ることができます。その明るいニュースにふれたとき、多くのひとびとが人間の可能性の大きさに感動します。そして、健常である自分のふがいなさに思いをはせ、いっそうの努力を心に決めます。ときには障害をもつ人びとの明るさに圧倒されることもあります。その明るさがもつ強さは、おそらく努力を重ねた末に達成した人格や価値観によってもたらされるのでしょう。

障害をもつこと、また障害のある子をもつことは、人生においてつらく困難であることは否定できません。しかし、障害者が力強く生きている現実を見ると、かならずしも障害はマイナスではないようです。医療や健診で発達の障害を見つけたとき、あるいは治療や教育で障害のある子の家族と接するとき、障害の暗い側面にばかり目がいき、否定的な雰囲気をもって家族に接しがちになります。そういうときに障害という困難さが、健常者では経験しえないプラスの面を当事者に与えることを忘れてはならないと思います。

■資料1

鑪幹八郎「精神薄弱児の親の子供の受容に関する分析研究」(『わが国の障害』一九六三)

1 子どもが精神薄弱であることの認識

2 盲目的に行われる無駄な骨折り

3　苦悩体験の過程
4　同じ精神薄弱をもつ親の発見
5　精神薄弱児への見通しと本格努力
6　努力や苦悩を支える夫婦・家族の協力
7　努力を通して親自身の人間的成長を子どもに感謝する段階
8　親自身の人間的成長、精神薄弱児に関する取り扱いなどを啓蒙する社会活動の段階

■資料2
田中千穂子・丹羽俊子『ダウン症児に関する母親の受容過程』（一九九〇）
第1期（誕生から約3ヶ月）
第1の感情反応：子どもが障害児であることによって生じる感情反応
第2期（生後1年間）
第1の感情反応からの立ち直りの時期
①　社会的なネットワークの中に自分を定位する
②　母性的態度を自覚する
③　課題達成に見通しをもつ

④　子育ての義務を受け入れる

第３期（生後１－２年）

第２の感情反応の時期：健常児との成長の開きを確認することによって生じる感情反応

①　援助さえすれば、健常児の水準に到達できるという幻想の崩壊

②　母親の精神的疲労の蓄積

③　周囲との軋轢

第４期（生後約３年目）

第２の感情反応からの立ち直り

①　障害児の発達の評価に対する基準を変更する

②　障害に対するあきらめ、障害を受容する

③　母性を再確認する

第５期（学齢以降）

転換期

①　子どもに対する見方が、１歳児における心境に比べ安定する

②　母親が自己の成長を感じる

■資料3

要田洋江「親の障害受容過程」(『ダウン症児の育児学』一九八九)

第1段階　葛藤 ┐
第2段階　受容 ┘─健常者をモデルとした障害者観
第3段階　変革──「障害」を劣等と捉えない障害者観

障害受容の段階的モデル──長所と短所

障害を認識し受容する過程を段階的に理解するのは、よい面とわるい面があります。よい面のひとつは、障害を知ったことによって起きる負の感情は、病的なものではなく健康な反応であり、それを見守ることによって時間とともにそこから恢復していく正常な反応であるという理解です。障害を受容する過程で生じた悲哀や怒りは、ときには障害を告知した医療従事者に向けられることがあります。それが一過性のものだと専門家が理解できれば、その反応に動揺することなく落ち着いて患者や家族に対応できます。また障害受容の段階的モデルによって、障害をもつ人やその家族の支援に見通しがもてます。

　もうひとつのよい面は、日本の障害受容論でとくに言えることですが、障害に対して、非常にストレスフルで否定的な出来事と捉えず、ある意味で人間的な成長の機会でもあると肯定的に捉える点です。障害をもつ人の手記は健常者にとっても励ましの書となり、勇気を与えてくれます。また、その力強さは障害をもつという困難な状況に一筋の光を投げかけてくれます。

　ところが障害受容の段階的なモデルが強調されすぎると、あまりよくない面も生まれます。障害をもつ子の親にかならず段階的な反応が生じるという思いこみです。人によっては子どもに障害があることを、それほど大変なことだと思わない人もいます。この個人差を理解しなかったために、せっかくの支援が空振りに終わった例を何度か経験したことがあります。

　ある母親は同じ障害をもつ子の親の集まりで、なにか自分が場違いなところにきてしまったと感じたと言います。母親たちが障害を知ったときのつらさをめんめんと話し、互いにうなずき、自分も同じ気持ちだったと涙を流しあうのに、その母親はふりかえっても同じ気持ちが見つからないのだと言います。その会に出席して、同じ状況になる度に、「自分だけが苦しんでいないようでつらくなり、後ろめたい感じだった」と言います。

その集会に参加することを勧めてくれた保健婦にそのことを話すと、「障害を認めたくない気持ちはわかるけど、他の母親も同じようにつらい気持ちを乗り越えたのだから、もう少し続けてみてはどうか」と言われたと言います。その保健婦に確かめると、ある研修で「親が子どもの障害を知ったとき、喪失感によってショックや否認、悲哀などが起きる。その感情が抑制されすぎると、将来の親の神経症的な問題に結びつく。そのため障害児の母親にはモーニングワークがぜひ必要なのだ」と聞いて、この母親が表面的に明るいだけで、内面では子どもの障害を認められず、いわゆる否認をしているのだと思ったと言います。

私は母親との面接を続けました。その母親は自分にも他の母親と同じつらさがあるはずだと考えたのだそうです。妊娠中に子どもがちゃんと産まれるだろうかと不安になったことを思いだし、「先生、私にもつらさがあったのです。よかったです」と言います。しかし、つぎの面接では「でもあれはつわりが重かっただけかもしれません。子どもが無事生まれてよかったと感じていましたから、障害があると聞いたときも、お乳の飲みが悪いのはそのせいだったのかとわかって、ほっとしたと思います。その後も病院で、哺乳瓶の乳首を工夫してくれたり、育て方のコツみたいなのを言ってくれて、これでちゃんと育つんだなーって感じでした」と話しました。

障害のある子をもつことがつらく認めがたいことだという私たちの思いこみが、子どもをいとおしく思う親の当たり前の感情に気づかなくさせます。親によっては障害を知ることのつらさ以上に、いとおしさのほうが大きい場合もあるのです。障害をもつ子の親を支援するためには、親としての普通の感情にも注意を向ける必要があります。

障害の告知と心的外傷

子どもに障害があることを伝えたとき、多くの親は子どもへのいとおしさと普通に成長することができないという落胆のあいだで、大きな動揺を見せます。私も乳幼児健診の継続相談で、障害を告知しなければならない立場になったことが何度もあります。親の思い悩む姿を前にして健診の仕事のむごさを思い知ります。障害を伝えなくてすめばどれほど楽か、そのため「発達の遅れ」と曖昧に伝えたこともありました。他の相談機関で障害を告知してもらえないかと思い紹介したこともあります。そっとしておくことが大切だと自分自身に言い聞かせたこともあります。しかし、今考えるとそれらの態度はどれも段階的な障害受容説を参考にしながらとった言い訳じみた行為だったように思います。

以前、発達障害をもつ子どもたちの親を対象に面接調査を実施したことがありました。その調査からわかったのは、障害を伝えられたときに親はただ悲しみに打ちひしがれているのではなく、障害のある子どもを育てるための適切な情報を求めていたことでした。たとえば、「たしかにショックだったけれど、一番困っていたことは、ミルクの飲みがわるいことだった、そういう子どもをこれからどうやって育てたらいいのか、子育ての方法を看護婦や医師からもっと聞きたかった」とか、「筋力が弱くぐにゃぐにゃした身体で、今にもこわれそうな子どもが、本当に育つのだろうかと思った。医師は入院の必要はないと答えるだけで、こちらの不安な気持ちを理解しているとは思えなかった」などです。多くの意見が障害の告知の際に心理的なケアだけではなく、子育てやこれからの発達にかんする具体的な情報を求めていました。

さらにわかったことは、障害告知によるショックや混乱は避けられない自然な反応だと考えられていますが、障害を告知された状況を聴取すると専門的な配慮の欠如が、その反応を強めている例が少なくないことでした。その例を紹介しましょう。

子どもはダウン症で当時一三歳でした。ダウン症は知的障害をともなう染色体異常のひとつで、多くは高齢出産など母胎の生育環境が原因となって発症します。多くの発達障害は原因が不明で診断を確定するのが難しいのですが、ダウン症は染色体検査によって明解に診断が確定できます。また、以前蒙古症と呼ばれ、その名は東洋的な容貌から由来しています。その特徴から産科の医師がダウン症と判断することも容易です。この母親の場合も出産した病院で子どもの顔つきからダウン症を疑われました。そして医学的検査のために総合病院に紹介されたのです。以下はその母親が病院で障害を告知された状況をまとめたものです。

出産一カ月後、産院の医師の紹介でその病院を受診した。心電図、染色体検査などの結果が出たとき、ダウン症と説明された。子どもに異常があると聞いていろいろな本を読んでダウン症について予備知識は持っていたが、医師の説明は具体的でなく、どんなことを注意して育てればよいか判らなかった。子どもの発達の遅れについて「どういう状態ですか?」とたずねると、「大人にはなりますよ」と素っ気なく答えられた。そして、「何か今してあげられることはないですか?」と尋ねたら、「入院はできるけれども、どうやっても同じです」と言われた。

診断を告げられたときは、研修医が子どもの回りを囲んで、医師は子どもの顔の一部を指しながらダウン症の特徴を説明していた。レントゲン検査をするときも革バンドのようなもので固定され、まるで物体のように扱われていた。

その日は夫と一緒だったが、私も夫もそこからどう帰ったのか覚えていなかった。その病院は家族が病気になるたびに通っていたところだったが、その後二度と行ったことがない。またどうやって行くのかも思い出せない。

障害を知った後に生じる怒りが医療関係者に向けられることは稀ではありません。この母親の場合にも障害を告知した医師に対する印象が、その怒りの反応によって悪くなった可能性があります。しかし、母親の感情によって色づいた記憶を差し引いても、研修医の指導と障害告知が同時になされるのは適切な判断ではありません。この母親が受けた障害告知は専門的な配慮がまったく欠けた状況だったと考えられます。目の前で自分の子どもを物体のように扱われることは、ダウン症の子を持ったということ以上に心を傷つけられる思いだったのです。

その後この母親は一カ月間、家にとじこもったままだったといいます。それまであまり訪ねてきたことのない親戚たちが交代で頻繁に訪ねてきたそうです。後でわかったことは、マンションの五階から飛び降りるのを心配して、昼間、夫に代わって母親を監視するためでした。周囲の人びとが自殺を心配するほど、母親は沈み込み抑うつ的だったのです。

障害を知った親に段階的な心の変化が起きるという考えは間違いではないので

しょうが、面接調査を終えた私は、障害告知のあり方が親の障害受容をより困難にすることを知りました。人が事故や事件によって外傷や死の危険を経験したとき、急性ストレス障害を被ることがあります。強い不安や神経の高ぶり、逆に感情の鈍麻や記憶の欠如、事故や事件を思い出させるものを回避する、などが症状です。当時の母親に同じような症状が認められました。

面接調査で得られた障害告知後の親の反応は、この急性ストレス反応に類似するものが多いのです。子どもの障害を親に伝えるのは専門家として避けられないことです。しかし、そのとき生じる心の傷を最少にするために、専門的な工夫がもっと考えられなければならないと思います。

くだんの母親が外出できるようになったのは、時が流れて自然に癒されたからではありません。新生児訪問で訪ねてきた保健婦が頻繁に子どものようすを見にきたのです。母親が少し元気になったところで、「ダウン症の親の会」にその母親を誘いました。一度失った専門機関への信頼感をもう一度作り直すのは、とても根気がいる仕事だったでしょう。しかし、障害をもつ子どもの親が社会的な援助を上手に利用できるためには、大切な仕事だと思います。この保健婦の果たした役割も障害告知の一部なのかもしれません。

3

「見えない障害」の受容

発達障害のわかりにくさ

障害受容に際して、段階的な感情の変化を経験する家族は多いのですが、発達障害の種類によっては、この段階的な変化が起きない場合があります。障害告知に対する感情的な反応が生じるのは、多くの場合、診断が早期に確定するために起きる唐突な「障害の告知」によります。

現在、発達障害の範疇が広がっています。注意欠陥／多動性障害（AD／HD）、学習障害（LD）、アスペルガー障害、高機能広汎性発達障害などは、あまり耳慣れない障害ではありませんか。図②はDSM-Ⅳによって定義された発達障害の関係図です。DSM-Ⅳというのは米国の精神医学会が発行している精神疾患と精神障害の診断の手引き書です。従来、発達障害の概念や呼び方は研究者や臨床家によって少しずつ異なっていました。この手引き書は、その概念と名称を統一させるために作成されたものです。

手引き書にはそれぞれの障害の特徴的な症状が既述されています。子どもの日常の行動が、それらの症状を書いた項目に当てはまるかどうかを吟味します。当てはまる項目の数が、基準となる数を越えるとその障害が診断されます。このように子どもの行動を数量的に評価することで、臨床家の勘によって診断するよりも一致した診断ができます。

しかし、実際の障害の状態像は、障害が重なり合い、診断が曖昧になってしまう場合が少なくありません。たとえば、精神遅滞と自閉的障害、あるいは注意欠陥／多動性障害と学習障害など、二つ以上の障害を合わせもつ子どもがたくさん存在するのです。先述の診断の手引きで個々の障害が明確に定義されても、発達障害の実態は図②のように互いに重なり合っていますす。そのため、ときには異なる障害として診断されることがあり、また多くの場合、診断の確定は遅れます。

このように発達障害の診断に曖昧さが残るのは、発達障害の多くが、原因が不明であり、症状によってひとまとめにされた、いわゆる症候群だからです。染色体異常によって生じるダウン症のような例は稀で、発達障害の多くは単一の原因によって起きる単一の疾患ではありません。

このことは障害をもつ子どもの家族が子どもの障害を認識するうえで、とてもやっかいな問題を投げかけます。ひとつは、

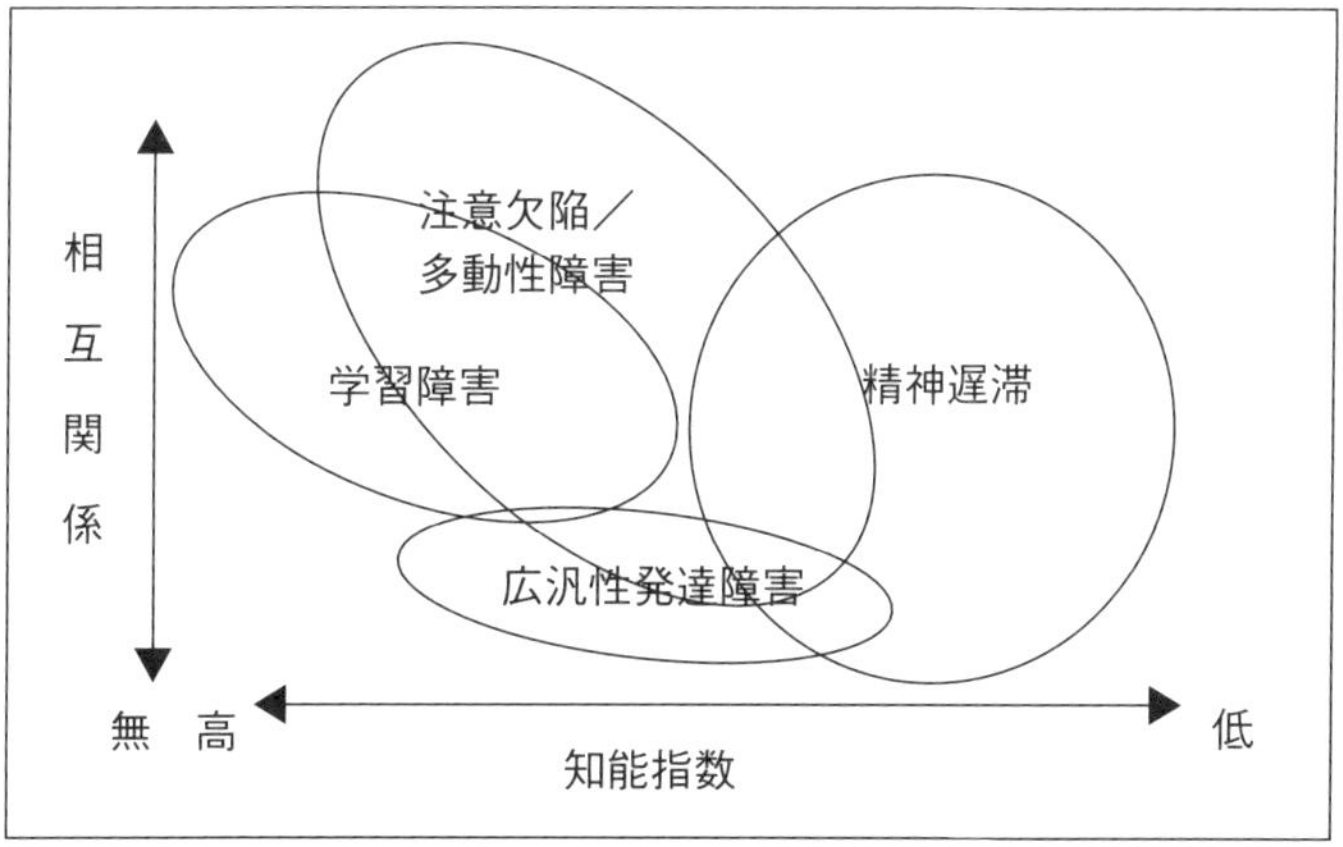

図②　DSM－IVによる主な発達障害

DSM（Diagnostic Statistic Manual）米国精神医学会の精神疾患と障害の診断手引き

子どもの障害の実態が見えにくいからです。たとえば、自閉性の障害と知的障害をあわせもつ子どもがここにいるとします。その子どもの親が、知能を重視するならば精神遅滞を心配します。人とのコミュニケーションや感情の交流を重視するならば自閉症を心配します。どちらの心配もその子の障害の実態から少しずつずれていて、正しい認識の妨げとなります。

また、子どもの症状は年齢とともに変化します。そのため、ある時期には知的な障害が顕著であり、ほかの時期には自閉性障害が主となることもあります。そのため発達の過程で診断は一定しません。それは仕方のないことですが、親にとっては専門家の異なる診断に信頼感を失うことになります。そのため、一貫しない専門家の意見が、親による子どもの障害の正しい認識を邪魔する場合もあります。

そのことを、自閉性障害をもつ一一歳の子どもの母親はつぎのように述べています。

生後八カ月ごろに視線が合わないことから異常を感じた。一歳のころ、自分から保健所に相談に行った。スキンシップが大事と言われたが、こちらの質問に答えるだけの専門的な知識がなく、相談は何の役にも立たなかった。その後教育センターへ行ったが、ここでもはっきりした診断はなく、様子を見ましょうと言われ月に一回の割で半年ほど通ったが、はっきり言ってくれず物足りなく、通うだけの価値がないと思い、通うのを止めた。その後四歳のころ、言語治療室の紹介で子どもの神経科専門のクリニックに行った。CTや脳波の検査を受けたが異常はなかった。医師からは自閉傾向児と言われた。当時の新聞で自閉症に効く薬が病院で開発中と知り、その機関も訪ねたが、そこでは「小児自閉症児?」と診断された。

　異常に気づいてからいろいろ訪ね歩いた末の診断だったので、告知された時はさめていた。やはりという感じで、自分のせいだけではないことがわかり気持ちが軽くなった。同時にショックだった。今後が不安だった。しかし、落ち込んでいる暇はなく、すぐつぎの行動に移らなければと思い、とにかく行動した。今思うとあのころが一番充実していた。問題のない子どもをもっていたらぼーっとした母親だっただろう。


なかなか明確な診断が与えられない場合、この母親のように医師や相談員から子どもの障害を伝えられると安堵感を感じる親は少なくありません。そこがダウン症など早期に確定診断ができる障害と大きく異なる点です。

　また、診断が確定しても、診断の基準そのものが親にとってわかりにくいことがあります。たとえば精神遅滞です。この障害は教育に特別な援助を必要とする子どももを見つけるものです。しかし、この障害の定義を親の立場から考えると承伏しがたい側面があります。

一九一一年にフランスでビネーという心理学者が、現在の知能テストの基礎となる知能検査法を完成しました。この知能検査の誕生から精神薄弱、現在の知的障害あるいは精神遅滞とよばれる診断が可能となりました。よく知られているように知能検査は精神年齢と知能指数（ＩＱ）を算出する検査です。知能指数の平均はＩＱ一〇〇です。平均からの距離を計る基準に標準偏差（ＳＤ）という統計的数値があります。精神遅滞は平均から二ＳＤだけ離れたＩＱ七〇以下と定義されます。つまり、精神遅滞は知能指数の値によって診断される障害といえます。

一人の子どもが精神遅滞と診断されるか否かは、このように人為的に決められた基準に従っています。知能テストの結果はある程度安定したものです。しかし、テストの種類が違ったり、またテストを受ける状況によって、知能指数は変動することがあります。そのため、あるテストで知能指数七〇の子どもが、他のテストでは八〇となる場合もあります。つまり、前者では精神遅滞と診断され、後者では境界域知能と診断されることが起こりうるのです。このような場合、その子どもの親にとって精神遅滞という障害とその診断は受け入れがたいものとなります。

見えない障害

最近、注意欠陥／多動性障害（ＡＤ／ＨＤ）などを「見えない障害」とよぶことがあります。もとは自閉症や軽度の知的障害に用いられた表現だったのが、現在は注意欠陥／多動性障害（ＡＤ／ＨＤ）、学習障害（ＬＤ）に用いられています。障害が見える、見えないというのは奇妙な表現ですが、英語のインビジブルという言葉を訳したものです。身体的な障害が肉眼で確認できるのに比較して、目では確認できないことから「見えない障害」という表現が生まれました。

身体に奇形や障害があったり、発達が極端に遅れていたり、明らかに異常であれば、親は子どもの障害に容易に気づきます。しかし、障害が軽度であったり、さほど異常でないときには、親は子どもの障害には気づきにくく、障害として認めることが難しくなります。そのため、診断の確定が困難な障害、たとえば軽度の自閉症や精神遅滞あるいは、ＡＤ／ＨＤやＬＤは、この「見えない障害」のひとつとして考えられます。

障害のわかりにくさ、あるいはわかりやすさは親をどういう状態に置くのでしょうか。そのことを私は自閉症とダウン症の場合を比較して調べたことがあります。

ダウン症は早期に診断が確定する障害です。子どもの異常や障害に気づくのはほぼ一〇〇%が産科の医師や産婆や看護婦です。ところが、自閉症の場合は七割以上が、親自身が子どもの異常に最初に気づきます。親自身が子どもの異常に気づく場合と、他人から指摘される場合では、親の障害に対する態度はどのように異なるのでしょうか。自分で気づけば子どもの発達を促すために能動的に動けます。他人から指摘されると、どうしても受動的になり、否定したい気持ちが強くなります。

異常に気づく時期を平均的にみると、ダウン症の場合ほぼ生後半月あまりで異常に気がつきます。そして一カ月くらいのうちに染色体の検査によってダウン症と診断されます。この短い時間経過は、親の心の準備ができず、障害告知後の衝撃を強める大きな要因です。

自閉症の場合、異常に親が気づくのはほぼ一歳半くらいです。障害の診断が確定するのは四歳近くなってからです。一歳半から四歳まで二年半、親は複数の医療・相談機関に通っています。そのあいだ明確に診断されていません。

また心の準備ができているかいないかが、障害告知に対する親の反応を変えます。自閉症の場合多くの親が、障害告知の前に子どもが障害である可能性を予測しています。そのため多くが、子どもの障害を認識する過程で、段階的な感情の変化を経験していません。障害受容が段階的な感情の変化を示すのは、家族が子どもの問題にまったく気づいていない段階で、健診や医療機関で障害を告知された場合です。つまり、ダウン症の場合です。つまり、自閉症は、障害告知によってある程度予測していた回答がえられ迷いが晴れるのに対し、ダウン症では障害告知の唐突さがショックと混乱をもたらすと言えます。

見えない障害と親のジレンマ

自閉症のように障害告知が遅い場合、精神遅滞、自閉症、自閉傾向のある精神薄弱、あるいは単なる発達の遅れなど、異なる診断や障害名がつけられます。このように同じ子どもに異なる見立てがなされる状況では、親は子どもがどういう状態なのかがよくわからなくなります。異常ではなく単に発達の遅れを期待する気持ちが強まるのもそのせいです。しかし、親の多くは子どもの障害に気づいています。気づいていながら、障害と認めたくないのです。つまり、障害に対する疑いと否定したい気持ちの両極で揺れ動きます。このような状態は発達に障害もつ子の「親のジレンマ」とよばれます

ある両親との相談を長く続けて「やはり精神遅滞だと思う。児童相談所で診断を受けに行ってみます」と言って、児童相談所の神経科医に受診した例がありまし

た。軽度の精神遅滞がある子どもでした。父親は成人の知的障害の福祉施設に勤め、母親は精神科の看護婦の経験をもっていました。精神障害をもつ人びとと身近に接したことがあるためか、かえってわが子が障害をもっているのを認めるのがつらかったのだと思います。面接のたびに、障害を認める言動と否定する気持ちが入り交じっていました。知的な障害であることを認めたくなくて、いつまでも専門の機関の受診を受け入れなかった家族でした。

その家族が受診したのです。私たち発達相談のスタッフはこれからの進路を両親と率直に話し合えると期待しました。しかし、受診から帰ると、「先生、ただ発達が遅いようで、いずれ追いつくと言われました」と報告します。「障害ではなかった。受診してよかった」と言います。医師ば精神遅滞を想定して、発達の遅れを話したのですが、それが親には障害ではなくたんに遅いだけなんだと伝わったのでした。子どもは年齢も五歳に近くなり、早く専門の療育機関に紹介したかったのです。一年以上をかけて児童相談所の受診までこぎ着けたのが、振り出しにもどった感じでした。

この例は障害の伝え方に問題があったのではないかと思われるかもしれません。しかし、一度きりの受診では医師や相談員が障害名でなく、状態像で説明しようとするのは、相手が障害と聞いて動揺しないためです。ところが、親は障害を否定したいために、発達の遅れという言葉に飛びつくのです。いずれ精神遅滞という診断を認めるときがくるとしても、今は専門家の説明を「いずれ問題はなくなる」という期待を込めて誤解するのです。このような誤解が生じるのは、すべて親のジレンマからです。

親のジレンマから、ドクターショッピングという現象も生じます。何カ所もの相談機関や病院や療育機関を訪ね歩くことです。これは一般に障害が受容できていない典型的な状態と考えられます。今では診断のセカンドオピニオンを求めるのは普通になっているのに、障害をもつ子どもの親のドクターショッピングは専門家からは批判的に見られます。しかし私は親が子どもの障害を認識する過程でドクターショッピングに積極的な意味があると考えます。

ある母親は幼児期に受診してまわったことをつぎのように述べています。「障害のある小さな子どもを連れて、わずか一回の受診のために関東から九州まで行くのは、今思うとよくやったと思う。当時でなければできなかったでしょう。でも、それほど意志が強い方でなかった私が、あれをやったからこそ、今迷わずにこうしてやっていけるのです」。

その子どもは自閉性の障害をもつ小学校高学年の女児です。母親は幼児期には効果的な療育プログラムを求めて九州や北海道まで訪ね歩いたのです。そこで診断をうけ、三日ほどの短期プログラムに参加し、子どもに最適な場所を探しました。しかし、結局、就学は地元の養護学校を選びました。訪ね歩いた場所での療育や教育はそれぞれ優れていましたが、いろいろな施設や教育の場を訪ね歩いたすえに、家族や近隣の人とともに身近に暮らすことがいちばんよいという結論に達したと言います。何を選ぶかを考えるためにああやって動き回ったのだろうと母親は言います。

障害をもつ子の相談をしていると、このような例によく出会います。母親が自分の不安や混乱のつきあいを子どもにさせていると思われる方もいるでしょう。たしかに医療や療育を求めていくつもの機関や施設を訪ね歩くのは、現実を見ないですまそうとする行為でもあります。しかし、家族はそうすることで、子どもの障害を改善するために自分が役立っていると感じられるのです。けっして治癒することがない状態に対して、なす術もなく打ちひしがれるよりも、自分の身体を動かして前を見て歩くことを選ぶのです。相談を通して家族を見守るとき、親が動くことで障害に対する考えをまとめ、子どもの状態を正しく認識して行く家族の姿が見えてきます。

親のジレンマ──自責の念

いわゆる「見えない障害」と呼ばれる発達障害はいずれも原因がわかりません。障害の原因がわからないとき、親は自分自身の問題として考えはじめます。そうすることで、子どもの問題を障害ではないと思うことができるからです。これも親のジレンマがもたらす現象のひとつです。

他の家族も同様で、親以外の家族や親族は、子どもの発達の遅れや異常を両親の育て方の問題としてとらえます。そのために、自分自身のしつけや子育てが原因だと考え、親の自責の念がつのるという状況が生じます。その典型的な例が注意欠陥／多動性障害（ＡＤ／ＨＤ）でしょう。

ＡＤ／ＨＤは最近とくに注目されていますが、古くは二〇世紀の初頭に報告されています。ジョージ・スティルという研究者が、一九〇二年に、注意力が欠如し、反抗的で過度に感情的で衝動的で、道徳的なコントロールの効かない子どもを報告しています。それからすでに一世紀以上がたっています。この間、この障害の原因がさまざまに想像され、微細脳損傷、微細脳機能障害（ＭＢＤ）、多動症、注意欠陥障害（ＡＤＤ）などさまざまな障害名がつけられてきました。現在、この障害は不注意と衝動統制にかかわる脳機能の障害として考えられています。

ＡＤ／ＨＤという障害は、、不注意、多動、衝動性の問題を特徴としています。この三つの症状は子どもの成長過程で普通に認められるために、周囲はそれを障害としては認識せず、親のしつけや子どもの性格の問題として誤解します。たとえば、自閉症の問題は、視線を合わせない、言葉を使わない、感情を表現しないなど、他の子どもには認められない発達上の特異性をもちます。そのため、発達の異常を認識しやすいのです。しかし、ＡＤ／ＨＤでは、ひとつの遊びに集中しない、じっとしていない、すぐに他の子が遊んでいる玩具をとろうとするなどの行動特徴が、子どもの年齢によってごく普通に認められ、障害とは考えられにくいのです。

それらの問題が障害と考えられるには、その子どもの年齢や発達の水準から見てその問題が著しく多くまた重くなければなりません。つまり、何かに興味を引かれ車道に飛び出すのは二歳児では稀でありませんが、それが五歳児に頻繁に起きるとなると問題です。そのような不注意で衝動的な行動が、家庭だけでなく幼稚園や学校、保育園や学童保育など複数の場所で認められるとＡＤ／ＨＤの障害が強く疑われます。

子どもは一般的に、エネルギッシュで、好奇心が強く、考える前に行動します。その子どもらしさは、反面で、じっとしていられない、危ないことを平気でする、何にでも手をつけるというような困った面でもあります。多くの子どもは親のしつけや自らの失敗を通して、注意深く、落ち着きをもって、また場面や状況をみて行動することを学びます。そういう学習ができにくく、幼い子どもと同じように好奇心のままに行動するとしたら、その子どもは周囲の大人にとってはなはだ扱いにくい子どもとなります。ＡＤ／ＨＤという障害は、そういう子どもたちの障害だと言えます。

たとえば、急に走り出して転んだり、滑り台の上から転げ落ちたり、車道に飛び出して車にはねられそうになったり、何度もけがをします。友だちの玩具が欲しくて噛みついたり、順番が待てずに相手を突き飛ばしたり、相手の怖がるのが面白くて石を投げたり、このように他人にけがをさせることもたびたびあります。これはＡＤ／ＨＤの障害をもつ子によくみられるエピソードです。

こういう行動を止めさせるために親は必死で子どもをしつけます。しかし、二歳児が親に反抗するように、ＡＤ／ＨＤの問題をもつ子どもも親の言うことをききません。親のしつけは厳しくなり、子どもの反抗はますます強くなります。しつけ、反抗、体罰、かんしゃくといった子育ての悪循環がはじまるのです。この悪循環の末に、親は心身ともに疲労困憊し、しつけや子育てを放棄したように見えることもあります。すると周囲からはだらしない親と批判され、母親失格のレッテルを貼られるのです。

ＡＤ／ＨＤの障害をもつ子どもの親は、その障害が親や周囲の人びとにとってわかりにくいために、子育てに自信をなくし、子どもの問題を自分の母親としての能力のせいだと考え、自分を責めます。

子どもの障害を、自分自身の育て方のせいだと考える傾向は、ほかの発達障害をもつ子どもの親にも共通するところです。とくに子どもの障害の状態が理解できず、どこまでが自分と子どもの親子関係のために起きるのかが判断できないとき、かならずと言っていいほど生じます。障害の肯定と否定の間で揺れる親のジレンマは、親の子育ての自信をなくさせる誘因となっているからです。

親のジレンマ──夫婦の葛藤

「見えない障害」の場合、母親が発達相談に何度も通い、子どもの問題が障害のせいだとわかっても、他の家族が子どもの障害を認めないことが多々あります。母親が子どもの障害についていくら説明しても、夫や姑から「自分の子どもを障害者にする気か」となじられたという母親もいました。そのため、母親も子どもの障害を否定する気持ちが強くなります。これも親のジレンマといえます。

日ごろ、他の子どもと接する機会のない父親は、同年齢の子どもの様子がわからず、わが子の成長の遅さに気づきません。一方母親は、発達相談で専門の相談員から説明され、また療育指導のグループで他の障害の子どもを見て障害に対する認識を深めます。夫婦の障害にたいする認識には大きなギャップが生じます。夫婦の認識が一致しないとき、夫婦のあいだでの意見の違いが感情的なもつれへと発展します。その感情のもつれは、両者が障害を認めたとしても、障害の原因を互いに相手の家系や遺伝のせいにし、子どものために何が必要かを夫婦が話し合う機会を奪います。このように障害が外見上わかりにくい時には、夫婦間や家族間でとかく葛藤が生じやすいのです。

学習障害を疑って相談にきたある子どもの家族は、おそらくそういういきさつがあったのだと思います。ふつう、夫婦で相談にくると、相手の意見を聞いたり補ったり、互いの意見を交換したり、さえぎったり、ときには口論めいたやりとりもおきます。その夫婦にはそういうことがまったくなく、ふたりで相談にきたのに、それぞれが私と別々に話すのです。その日は二つの面接を同時にしている感じでした。

相談の趣旨は子どもが学習障害かどうかの診断でした。学習障害を疑ったのは、新聞の学習障害の特集に書かれた例が、子どもの状態に似ていたからだと言います。子どもは当時小学校四年生でした。持参した成績表をみると他の教科が平均以上なのに、国語や社会の成績は最低でした。

学習障害は専門家のあいだでも意見の分かれる障害です。先のDSM-Ⅳという米国の診断基準では、文字を読む能力に問題がある「読字障害」、計算能力に問題をもつ「算数障害」、文字や文章を書くことに問題がある「書字表出障害」などを、学習障害としています。しかし、このほかに社会性の学習障害など、生活能力や社交性や対人関係の問題も学習障害とする考えもあります。いずれにしても学習障害をもつ子どもは、全体としての知能には遅れがないのに、国語、あるいは算数など特定の科目が遅れます。その原因はまだわかっていませんが、視聴覚と知覚や記憶など認知機能にかかわる能力の発達が特異で、その能力に偏りや歪みがあるために生じます。こういう子どもは通常の授業では学習が遅れてしまうために、個人の能力に応じた学習方法や教授法が必要となります。

人には数の記憶のよい人、漢字の記憶のよい人、物の形を理解し立体的に表現するのが上手な人、音感やリズム感のいい人、地図を見て迷わずに目的地に行ける人、それぞれ得意とすることが違います。またその逆に不得意とすることにも違いがあります。これらはみな脳の働きの個人差からくる違いですが、学習障害はその脳の働きの違いが個人の脳のなかで極端であり、それが学校教育において明らかにハンディキャップとなるときに診断されます。

相談にきた子どもは字を覚えるのが遅く、今も漢字が左右逆の鏡文字になったり、草かんむりと竹かんむりの混同があります。また文字を読むのにとても時間がかかります。WISC－Rという知能検査の結果では、図形を記憶したり再生する力が極端に弱く、その反面で物の知識や計算の力はとてもよい成績でした。この知能検査は、言葉を主に使って答える言語性の問題、図形を操作して答える動作性の問題に分かれ、全体の知能指数と言語性と動作性の知能指数がえられます。また知識や言葉の理解や図形の記憶や再生など、個別の能力を調べる下位項目がいくつもあって、個人の能力差が理解できます。この子どもの結果は、全体の知能指数は標準より高く言語性と動作性の知能指数にも差がないのですが、下位項目の結果は大きなばらつきがありました。

検査結果は明らかに子どもに学習障害があることを示しています。その結果を両親に伝えれば、相談の目的は終ります。しかしすぐに診断を伝えるべきか迷いました。相談理由は学習障害の診断ですが、両親が診断を求める理由がそれぞれ違っていたのです。

最初の面接で母親は学習障害と診断されるのを期待していました。反面で父親は障害でないことを期待しているようでした。

検査の結果を伝える前に、「最初の面接でそれぞれが期待していることが違うという印象を受けた。たんに結果を伝えるだけでは、これからもふたりの意見がちぐはぐになるだけだと思う」と、夫婦に率直に話しました。

母親は、就学前に文字を教えようとして、子どもの覚えの悪さと不器用さに辟易し、一生懸命になればなるほど子どもに腹が立ってしまって、今では疎ましく感じると話しました。小学校二年の弟は文字の覚えも早く、上の子どもができないのは自分の教え方のせいではないと思っていた。そのことを証明したくて、子どもの学習障害の診断をしてもらいたいのだと話しました。

父親は、自分の母親から妻の子どもへの接し方が、厳しすぎないかと何度も言われ、自分も家で妻と子どもが言い争うのにうんざりしていた。そのうえ、子どもが学習障害だと言いだし、よく言い間違いをするところが私にそっくりで、子どもができないのは私に似たのだと言う。たしかに似ているところはあるが、それは趣味や好みのことで、それを障害と言われるのでは心外だ。母親は自分ができないことを、障害のせいにしていると思う。父親はそう話しました。

私はとりあえず夫婦の本音が出たところで、「ふたりがそろって相談にきたことは、子どもの問題にそれぞれが真剣である証拠だ」と伝え、母親と父親の労をねぎらう言葉かけをしました。そして、子どもの検査結果と状態についての説明をしました。

検査の結果の様子を話すと、母親は大きくうなずきます。母親に、生活のなかで結びつくことはないかとたずねると、子どもの失敗や母親の工夫を話します。たとえば、物の位置関係の理解の問題には、母親は「あまりに左右を間違えるので、色違いの靴下を二足買い、右に白と左に黒をはかせて教えた。それが他の母親におしゃれのためだと思われてしまった」と話します。母親の苦労話は滑稽なものも多く、緊張した相談の場に笑いをさそいます。黙って聞いていた父親もだんだん話しに参加しはじめました。

一応の検査結果の説明が終わり、学習障害の疑いが濃いことを伝えたときには、夫婦のあいだの張りつめた感じはなくなっていました。面接が終わるときには、夫婦は今後のことを話し合い、対処法を考えるために相談を継続したいと申し出ました。やっと夫婦が普通に話せて、その日の面接が終わりました。

どこの家庭にも多かれ少なかれ夫婦や家族の葛藤はあります。障害をもつ子どもの家庭では、一般に夫婦や家族に葛藤が生じやすいと言われます。それは障害のわかりにくさや診断の曖昧さが、夫婦や親族の潜在的な葛藤を表面に浮き上がらせる触媒のような役割を果たすからかもしれません。しかし、それは葛藤を強めるきっかけになると同時に、障害がはっきりと見えたときには、この夫婦のように問題を解決するために力を合わせるきっかけにもなります。

親のジレンマ——子の障害を隠す

親ならば子どもの障害を世間に知られたくないと思うのではないでしょうか。たとえば、容貌に特徴のあるダウン症ならば、その外見から障害があることが容易にわかります。周囲の好奇の目が遠慮なくその特徴のある顔貌に注がれます。そのため、親は子どもとの外出をためらうかもしれません。

しかし、親は子どもを家のなかに囲ってしまったりはしません。なぜなら、それは子どもの経験を狭め、成長を妨げることを知っているからです。あえて障害をもつ子どもとともに、社会へと参加します。それは障害受容のひとつの姿だと思います。

ところで、障害が外見上でわかるのと、あまりわからないのとでは、どちらが子どもを世間に知られたくないでしょうか。障害があまり目立たない場合にも、意外に親は人付き合いを避けることがあります。わかりにくいだけに、かえって障害があることを知られたくないのです。知人に子どもの障害を話しても理解してもらえず、心配症の親と誤解されるのも、その傾向を助長します。

身体の障害ならば、手足が不自由だとか、外見からその障害がわかります。一見してわかりにくい視力や聴力の障害でも、目が悪いとか耳が悪いと聞けば、その不自由さが理解できます。その点で発達の障害は外見ではわからず、どういう障害かを説明されても、一般の人には理解しにくい面があります。

たとえば自閉症だといわれても、顔立ちは他の子どもと少しも変わらず、むしろ賢そうで、どこが障害なのかわかりません。世間には未だに、自閉症という名称から、親の愛情不足で子どもが引きこもってしまった状態だと考えている人がいます。その障害をもつ子どもの特異な行動を見なければ、自閉症が心の問題ではなく発達の障害であることを納得するのが難しいのでしょう。

たとえば、自閉性障害の診断基準に「常同的で反復的な衒気的運動」とよばれる独特な行為があります。それは自閉症の行動特徴のひとつとされる奇妙な動作です。手を目の前にかざしてひらひらと動かし、指の間から漏れる光にうっとりと見入るような動作です。ほかに、窓の際のブラインドから漏れる明かりを、蟹のように横に移動しながら目で追ったり、一列にきれいに並べたミニカーを、まるでスキャナーでなぞるように、横目で繰り返し眺め回す子もいます。こういう行動を目撃してはじめて、人はその子どもがおかしいと気づきます。

しかし、自閉的な障害でも高機能広汎性発達障害やアスペルガー障害の場合、このような特徴はなく、障害はもっと目立たないものです。発達相談で私が出会った子どもは、一歳六カ月健診で少し言葉が遅れた子でした。それ以外にそれほど目立った特徴はなかったのです。ただ、自分の関心のある遊びに熱中し、周りの大人に指示されてもなかなか反応しない子でした。その後、高機能広汎性発達障害と診断された男児です。

幼稚園に入る前の一年間、障害児の療育訓練を利用することになりました。家の近くには施設の通園バスがきます。しかし、それを利用せず、母親は子どもを自転車に乗せて毎日施設に通いました。祖父母が「世間体が悪いから通園バスを利用するな」と言ったからです。遠く離れた施設に自転車で通うのは大変でした。しかし、その努力の甲斐があり、子どもは外見ではほとんど障害を感じさせないほどに成長しました。

小学校に入っても母親の苦労は続きました。ほかの保護者に子どもの障害を話せなかったのです。子どもを他の子と遊ばせるときは、かならず自分の家に呼びます。相手の子どもの母親に障害を悟られないためです。子どもがひとりで遊びはじめると、自分が代わって友だちと遊んでやりました。相手の子どもにもそうやって気をつかったのです。子どもの障害が軽いために、かえって障害を世間に知られたくなかったのです。この苦労は夫の転勤で、実家から遠く離れた街へ越すまで続きました。

親は専門家から障害を告知され、自分自身は子どもの障害が理解できても、それをすぐには公表することができません。とくに「見えない障害」の場合は、この事例のようにその迷いは大きくなります。それが親のジレンマです。そういう親の態度を「覚悟ができていない」、「ほんとうに子どもの障害が受容できていない」と言うことは簡単です。しかし、親であれば誰しも多少親バカなところがあるはずです。子どもの幸せを願うとき、親はかならずしも賢い判断ができるとはかぎりません。

「障害」という言葉には独特の重い響きがあります。その言葉を使って子どもの状態を説明すると、周囲の人びとには子どもの実像と違う姿が浮かびます。そういう現実を前にして、親はすんなりと障害を公表できるでしょうか。

障害告知の面接調査で、「障害を認識したのはいつか」と聞かれ、ある母親は「小学校五年生のときです」と答えました。それは自閉症と診断されて八年も経っていました。母親は「地域で普通に生きていくのが難しいなら、この子に合った場所をさがそう。障害者として生きるのを選ぶ覚悟をそのときしました」と言います。「見えない障害」とよばれる発達障害の場合、障害を認識する時期は人によってそれぞれ違います。障害を受容する過程で、障害の肯定と否定の両極に揺れるからです。しかし、その心の軌跡こそ、親が障害を認識する自然な姿ではないでしょうか。

4

障害受容と慢性的悲哀

「慢性的悲哀」再考

障害を認識し受容する過程には、障害の種類や程度、障害を知らされる状況のほかに、親の性格や価値観、家族関係や家庭環境などさまざまな要因が関連しています。専門家が親を評価して「障害受容ができている」、あるいは「できていない」と言えるほど単純なことではないのかもしれません。ただ障害をもつ子どもの親の心情を理解することは大切です。そのためにもうひとつ大切な考え方について述べたいと思います。

それは「慢性的悲哀」とよばれるものです。慢性的悲哀という言葉はあまりよくない状況として用いられます。たとえば、発達障害をもつ子どもの家族について述べられた文献には、「慢性的悲哀とは、親がさまざまな神経症的な防衛機制をはたらかせる状態」、あるいは「慢性的な悲哀は『真の受容』に達していない状態」という表現があります。おそらく「悲哀」という言葉に「慢性」という悪い印象を与える言葉がついているため、神経症的状態と誤解されるからだと思います。

しかし、最初にこの言葉を用いたケースワーカーのオーシャンスキーは、精神遅滞の子どもの家族を理解し適切な援助を提供するために、「慢性的悲哀」という表現を用いました。彼女はつぎのように記述しています。

「精神薄弱児の大多数の親は、広範囲な精神的な反応、つまり慢性的な悲哀に苦しんでいる。この悲哀の程度は個人または状況によって異なる。その感情を隠さずに表明する親もいるが、忍耐を重んじ、慢性的悲哀を隠す親もいる。医師や臨床心理士やケースワーカーなどの専門家は、慢性的悲哀が精神薄弱児の親の自然の反応であることにあまり気づいていない。そのため、専門家は親に悲哀を乗り越えるように励まし、親がこの感情を表明することを妨げる。また、慢性的悲哀を神経症的な症状と見なすため、かえって親はこの感情の存在を否認しようとする。専門家がこの反応を、精神薄弱児を持つ親の当然の反応として受け入れることができれば、家族の生活をより快適にするためにより効果的に援助することができる」(オーシャンスキー『慢性的悲哀　精神薄弱児の親の反応』一九六二)。

私たち専門家は親と話すときに、知らず知らずのうちに障害を受け入れることを求めます。そのため、親は専門家の求めに従って、強い自分を演じるのではないでしょうか。あるいは、気が弱くなっているときに励まされるとかえってつらいときがあります。だから親は悲哀を感じているときに、それを隠すのかもしれません。しかし、オーシャンスキーは専門家が慢性的な悲哀は親の自然な反応であることを理解すべきだと指摘しています。慢性的悲哀という概念のそこが大切なところだと思います。オーシャンスキーの述べたところを補足してその概念を整理するとつぎのようになります。

①障害のような終結することがない状況では、悲哀は常に内面に存在する。
②悲哀は表面にいつも現れているわけではなく、ときどき再起するか、周期的に再燃する。
③慢性的悲哀は、問題の悪化だけでなく、家族のライフサイクルで起きる普通の出来事、たとえば就学、就職、結婚、転勤、老齢化などがきっかけになることが多い。
④慢性的悲哀が再起するときには、喪失感、否認、失望、落胆、恐れ、怒りなど障害受容の段階説であげられている感情や状態と同じ反応が含まれる。

大江健三郎が障害について講演をしたときの記録に、つぎのようなことが書いてあります。「精神障害者、精神薄弱者というふうな障害をもった家族がいる家というものは、いったん受容期に達して、問題が終わるというものじゃないんです。また新しいショック期があるじゃありませんか。結婚の問題とか、そういうことを乗り越えることがあった。そして、今度は僕たちは老人になろうとしています。その問題が一番大きな問題として、自分の前にあるわけです」（大江健三郎『自立と言うことの意味』一九九三）この記述は、悲哀が普通の出来事をきっかけとして再燃するという慢性的悲哀の特徴にふれています。

障害にかかわる仕事をしていて、「この親には波がある」と感じたことはありませんか。その波は、親が障害を認める気持ちになったり、否定したくなったりという心の動きによるものもあります。家族にとって子どもの成長を見る絶好の機会が、障害をもつ子の親にとって緊張し不安な時になりえます。たとえば運動会です。どんなに子どもががんばっても他の子どもとの差は歴然としています。あるいは就学です。子どもなりに成長し、親としても精一杯がんばってきたのに、かならず就学相談や指導という壁が立ちはだかります。このような人生の当たり前の出来事をきっかけに慢性的悲哀は現れるのです。

そのことをある事例から学びました。

一歳半健診からずっと発達相談を続けてきた女児でした。母親はとても明るい人で、面接のたびに、家族で出かけたときの写真を持参して、子どもの成長ぶりを話してくれます。たとえば「デズニーランドでミッキーを見て子どもが泣き出し、着ぐるみの怖さがわかるなんてと、わが子の成長に思わず涙を流したら、係りの人があわてて飛んできて、丁重に謝罪されました」と笑って話してくれます。その時は母親の嬉しさと係員の困った様子が目に見えるようでした。また、初めて人の顔らしき丸と点の絵を持参してきたときは、絵を描いた状況を高揚した声で話す母親に、子どもの成長を心から願っている心情が胸に熱く伝わりました。

そういう母親が沈んで何も言わなくなったのです。

理由を聞くと、七五三のお祝いに着物をつくってあげると実家の母が電話をかけてきたと言います。その電話のあとにすごくつらい気持ちになったのです。子どもには服の袖口を噛んでしまう癖がありました。せっかく新しい着物をつくってもらっても、すぐにボロボロになってしまう。そう想像した途端に、急に気持ちが暗くなったのです。子どもの障害を知ったときの悲しい気持ちになったのです。実家の母も子どもの癖を知っているのに、どうして着物なんかと母の好意に腹が立ったと言います。

七五三など昔ながらの行事は、親にとって子どもの成長を祝うよい機会です。誰もが喜び祝う日が、障害のつらさを再び思い出すきっかけになる。皮肉なことです。そのことがますます親の悲しみを強めるのでしょう。

障害をもつ子どもの親はおそらく何度もこういう悲哀を人生のなかで経験しているのだと思います。そして何度も何度も障害を知った時のつらさを思い出し、その感情を乗り越えていくからこそ、障害受容の段階的モデルで最終段階とされる、人間の成長や価値の転換という現象が生まれるのではないでしょうか。

障害受容の表と裏

私たち専門家から見ると自閉症としか思えないのに、子どもは普通以上に能力があると主張して、障害を否定する親がいました。相談した相手にその特異な特徴が障害なのだと言われると、相談を中断してしまいます。いくつもの相談機関や医療機関を訪ね歩いたので、その地域の発達相談員や臨床心理士のあいだでは奇妙な親として知られた母親でした。

私のところへ相談にきたときも、私が自閉症という言葉を口にした途端に、「先生その言葉は使わないでください。ほら子どもが嫌がっていますから」と声をひそめて言います。奇声を発してはね回る子どもの様子は、入室したときと少しも変わりません。私たちの話がわかるというのは、親の勝手な思いこみだとしか思えません。しかし、その親は子どもが荒れて大変になると言います。いぶかしく思いながらも、その意見を尊重して次回の約束を決め、その日の面接を終わりにしました。子どもを観察していた相談員も子どもは重い自閉症のようで、母親のいうような様子はまったくなかったと言います。

ところが、その日のうちにその親から「先生が自分のことを障害児と言ったから、あそこにはもう行きたくないと子どもが言っている。だから今度の約束の日には行けません」と電話が入ったのです。言葉がないのに「子どもが言っている」はずがありません。私たちは親の言うことを不信に思ったのですが、相談はそれで中断してしまいました。

障害受容の初期の段階において、障害の否認という状態があることはすでに述べました。おそらく、この親は障害の否認と呼ばれる状態がいまだに続いているのではないか、この子どもと親を知る相談員のあいだでは、そういうふうに意見が一致していました。母親が子どもの障害が治ると信じて、そう言ってもらえる専門家を求めて歩き回っていたからです。

子どもの状態を障害として受けとめるためには、まず障害とは治らないものだということを理解しなければならないと思います。障害は軽減することはあってもけっして治癒することではないというのが、障害に対する専門家の考え方の前提です。病気のように治るものではないからこそ障害なのだと言う専門家もいます。

しかし、障害をもつ子どもの家族はかならずしも障害が治らないとは考えていません。障害告知の面接調査で、ある母親は、「自分の子どもの状態がけっして治るものでなく、障害だと考えるようになったのはいつごろだと思いますか？」と言う問いに、意外な答えを返してきました。

その母親は以前に私が相談を続けていた人でした。久しぶりの再会でした。私の以前の印象では、早くから子どもの障害が認知できているしっかりした方でした。しかし「先生、私はいまだに子どもの障害は治ると思っているのです」と言うのです。子どもの障害を正しく認識していると思っていた相手から、けっして聞くとは思わなかった答えでした。

障害告知の面接調査では、今までの相談をする立場では聞けなかった親の本音が出てきます。私に助言や指導をする者としての奢りがなく、調査員として母親と同じ平面で話せるためかもしれません。親も自分のほんとうの気持ちが話しやすいのでしょう。

母親は自由にそしてたんたんと話し始めました。

先日、自分の高校時代の友だちから電話があったと言います。子どもの障害のことも、そのことで自分がひどく苦しんだことをもよく知っている友人です。互いに遠慮なく話のできる関係です。話が家族の近況のことにおよんで、友人は子どもの中学受験の準備が大変なことを話し、母親のほうは、「おかげさまでうちの子は、そういう心配をしなくてすんでよかったわ」と笑いながら話したと言います。

「私立の有名中学の名を聞いて少しうらやましかったから、ちょっと皮肉っぽく言ってしまったけど、そんなふうに切り返せるのも自分が成長したからでしょうね。先生のおかげかもしれませんよ。あのころ、先生は、結構、厳しかったから。でも、電話のあとが大変だったんです。寝床に入ってしばらくたつと、結婚したころから始まって、子どもを妊娠し、子どもを産み、学校を選ぶころのこととか、今までのことが心にばーっと浮かんできて。そうしたら、涙がとまらなくなっちゃって、怖くなったんです」。

母親は、それまでにも何度も何度もそういうことがあったと言います。その都度、子どもがよくなって治った姿を心に描き、きっとよくなると心に言い聞かせると言うのです。その晩もその夢を見ながら眠ったのでしょう。

「だから、先生、私から子どもが治るという夢を取りあげたら、私は生きていけませんよ」。母親は私の驚きを見透かしたように、そう言います。

母親が子どもの障害は治ると思っているという答えには、そういう意味があったのです。障害は治る、そう信じていたい、それが親の偽らざる心情なのかもしれません。私たちのあいだで、「障害を否認する奇妙な親」として知られた先ほどの母親は、その後、私の友人のカウンセラーに会い、次第に落ち着きを取り戻していきました。友人の話では、その自閉性の障害をもつ子どもは、言葉はまったく出ていないが、ひらがなを書けて、簡単な会話を母親とすると言います。子どもが書き言葉でどれほど会話ができるか疑問ですが、障害が治るという母親の祈りが子どもに「先生が自分のことを障害児と言った」という何らかの表現を書かせたのかもしれません。

私は、親が子どもの障害を認識する過程を理解するとき、裏表の色の違うリボンを心に描きます。表が障害の肯定を表し、裏が障害の否定を表す色です。そのリボンを巻き、一端を持ってそっと垂らすと、それは螺旋《らせん》状になって伸びます。この螺旋になったリボンの両端を持って縮めたり伸ばしたりしながら、それぞれの親がこれまでの障害を認識する過程を想像します。

障害の告知のときに強いショックを受けた人は、きっとリボンの裏の部分が最初の端の方ではたくさん見えるでしょう。しかしその先は螺旋が縮んで裏が表に隠れて見えなくなるのです。それは外部から見ると障害を受容しているけれど、隠れてみえない内側ではかならず否定したい気持ちがあるのを表しています。「見えない障害」とよばれるようなわかりにくい障害では、裏と表が交互にほぼ同じように見える、そういう螺旋のリボンではないでしょうか。つまり、障害の診断が確定しないために、親が障害を認めようとする気持ちと否定したい気持ちの両方が同じくらいに交互に表れるのです。

障害受容を到達点のあるものとして考えるのはナンセンスだと思います。障害受容の螺旋のリボンに象徴されるように、障害を否定したい気持ちと肯定したい気持ちの両方を抱えながら生活しているのが家族の実情でしょう。しかも強く生きることを期待する社会に内側の姿を見せず、家族はたんたんと生活しているのです。

家族の障害受容に対する専門家の役割

障害受容は本来個人的体験であり、障害を受容するか否かは個人の主体性に委ねるべきです。私は、そう考えることが、障害をもつ子どもの家族を支援するうえで一番大切なことだと思います。

ドクターショッピングが非常に悪いことだと考える人がいるかもしれません。しかし、それは母親が主体的に動き、子どもの障害について身体で考えている過程でもあるわけです。逆にまったく動こうとしない母親もいます。状況にただ流されているように見えても、その間に、障害を認めない家族を根気よく説得している母親もいます。母親だけでなく父親も相談にきて欲しい、私たち専門家はそう考えます。しかし、毎回夫婦でくるのは、子育てを妻にまかせられない事情のためかもしれません。一度も相談にこない父親が、母親の話のなかにしっかりとその存在を確保し、母親の相談に参加することもあります。

どの家庭にもそれぞれの事情があるように、障害をもつ子どもの家庭にもそれぞれの事情があります。障害をもたない子どもの家族が個性的であるように、障害をもつ子どもの家族もそれぞれ個性をもっていてもよいはずです。私は、障害をもつ子どもの家族を支援しています。その過程で学んだのはこの当たり前のことでした。そして、いま私は家族の主体性を育むことを自分の発達臨床の柱としています。その柱を支えるのは何でしょうか。

まず忘れてはならないのは、私たちが見る子どもの見方と家族の見方が違うことです。私たちは障害の部分からその子どもを見ます。そのために、ダウン症のAちゃん、自閉症のBくんと呼びます。親たちは自分の子どもを、あるいはお互いの子どもをそう呼ぶことはありません。親にとって障害は部分でしかないからです。それも、わが子のほんの一部分なのです。そしてそれは個性と分かちがたく結びついた一部なのです。

だから、専門家と家族のあいだで意見の違いがあるのは当然です。親が子どもの障害を認めないとき、「頑固な親だ」と非難したくなるかもしれません。そのときに、子どものことを愛しすぎ、頑迷になってしまう自分自身を、あるいは自分の親や、子どもをもつ友人を思い出してください。子どもが障害をもっていなくても、同じような愚かさを多くの親がもっているはずです。親を責める前に専門的援助として私たちがなすべきことを考えるべきでしょう。

親が主体的に動くことを援助するといっても、親にしてみれば障害をもつ子どもの子育ては初めてのことです。できれば専門家に頼りたいでしょう。たしかに私たちは多くの障害のある子どもを見ています。だから、私たちが親と並んで子育ての道を歩いていても、少し先の曲がり角に何が待っているかを知っています。それは障害告知後の気持ちの変化であったり、幼稚園の運動会を迎える心構えであったり、就学に際してとるべき態度であったりします。その知識を提供することができます。親も安心して私たちについてくるでしょう。

しかし、親の主体性を損なわないためにはもっと工夫が必要です。いくつもの登山口が結局は同じ山頂へとにつながるように、異なる育児の方法もそれは将来の子どものひとつの成長に結びつきます。迷う親にできるだけ多くの選択肢を提供してはどうでしょうか。親はさらに迷うかもしれません。しかし、それは暗闇のなかで道を探すよりもはるかに楽なはずです。その選択肢のひとつひとつに専門家としての意見をつけてもいいでしょう。しかし、親がけっして私たちがベストだと考えた道を選ばなくてもよいことを明言します。親はときには険しい近道を選ぶかもしれません。あるいは楽な方を選んで遠回りしようとするかもしれません。

たとえば、就学に際して普通学級にするか、特殊学級にするか、養護学校にするかを親は悩みます。しかし、選択肢は三つだけではありません。特殊学級でやってみて養護学校へ、あるいは普通学級でやってみて他の学級へという道もあります。特殊学級や養護学校から普通学校への移行は現実に難しいでしょうが、それだって私たち専門家の適切な判断と援助で将来の親たちが拓いていくべき道かもしれません。

障害告知の面接調査で、ある母親は専門家に望むことをつぎのように述べています。「親はどんなことがあってもわが子に全責任があります。それと同等くらいの重責を担って相談に応じないと真の相談にはならないと思うのです。医療機関と教育機関と親が一緒に組んで原点にある子どもたちのことを考え対処して行かなければ社会福祉は進歩しないと思います」。

この親の望むとおりにしたくても、個人である私たちには限界があるかもしれません。だから私たちは家族の主体性を尊重した援助のあり方を、専門家のチームとして、あるいは機関の連携として考えていかなくてはなりません。それは医療や教育や福祉の施策の改正を待たなくても、身近なところから始めていけるはずです。私は健診の仕事に永くたずさわって、就学先を決めるのに親と何度も話し合ってきました。しかし、保健士や保育士や福祉施設の指導員や言葉の教室の先生たちと力をあわせて取り組めた家族からは、就学先を決める際に決まって親のほうから報告を受けます。親が自ら就学先を決められるのは、複数の専門家に支えられ、早くから主体的に問題に取り組む姿勢を学んだからだと思います。

私は専門家というのは指導する立場ではなくて利用され、活用される立場でありたいと思います。親は本来よりよいサービスを選ぶ権利があるのですから。

障害告知のあるべき姿

最後に、発達障害の告知において、障害をもつ子どもの家族が何を望み、専門家として私たちは何をすべきかを述べたいと思います。

医療における診断と告知は、病状と治療方法にかんする病院側の説明と患者側の同意という双方向の対話と考えられています。障害告知もたんに診断を家族に伝えるだけでなく、治療方針について家族と話しあわなければなりません。診断や告知は医師や医療機関がやるべきことと考えられがちです。しかし、障害告知の場合、治療方針のほとんどは育児や療育や教育や福祉にかんすることです。そのため医療の専門家だけでなく、他の領域の専門家も障害告知に積極的にかかわるべきでしょう。

障害の告知は、親が障害を認識する過程の出発点であり、私たち専門家が家族と出会う最初の機会でもあります。実際に私たちはさまざまな形で障害告知にかかわっています。たとえば、私のように子どもの健診の相談員は、乳幼児健診で障害が疑われる子どもを見つけると、診断のために家族に医療機関を受診することをすすめなければなりません。保育士は園児に発達の遅れを疑えば、親に専門機関に相談に行くことをすすめます。学校でも同様で、教師は担当するクラスに、たとえば学習障害があると思われる子がいれば、保護者が教育センターの教育相談を受けることをすすめます。障害告知を意識していないかもしれませんが、障害をもつ子どもとかかわる職種はなんらかの形で障害告知の一部に参加しています。

子どもの発達の遅れや異常について家族に伝えるときに、私たち専門家は親の反応を懸念します。とくに子どもの障害を知って傷ついた親の感情が、怒りとして私たちへ向けられることを恐れます。すでに述べましたが、その怒りの反応は親の障害受容の避けられない過程です。親の怒りは多くの場合、受診した病院や相談機関の誰かに向けられます。

障害告知の面接調査の記録をまとめていて驚くことがありました。寛容で誠実な人柄であり、発達障害をもつ子どもの援助に熱心な相談員が、ある親に非常に悪い印象を与えていました。子どもの発達検査の結果を伝えるときに「冷淡で紋切り型の対応で、忙しいからこれ以上は話したくないという態度が見え見えだった」とその親は述べています。その相談員を知る私たちには非常に意外でした。その話を聞いて調査員のひとりが「障害を伝えるときは誰かが悪者になるのね」とぽつりと言いました。

障害を告知するとき、できるだけ時間をとって回数を重ねることで、親の混乱を最小限にすることができます。しかし、どのように配慮しても、家族の怒りを引き受けなければならない事態が生じます。職業としてこの仕事をしている以上、家族に怒りを向けられることは避けがたいリスクであり、引き受けざるをえないことでしょう。

その母親の話が知らない相談員のエピソードであれば、私たちは驚くことはなかったでしょう。不用意で誠意のない障害告知の場面では実際に親が傷つく状況が起きているからです。不必要に家族を傷つけないために私たちはどうすればいいのでしょうか。面接調査のアンケートの結果では、親は障害告知につぎのようなことを望んでいます。

まず、障害を告知する専門家の態度としては、家族への同情のために説明が曖昧であってはなりません。率直で明解な説明が望まれます。しかし、その態度は親の立場を理解した暖かいものでなければなりません。親に子どもを育てるための希望を与え、その希望が安易な気休めでないことが望まれます。

子どもの障害の説明については、情緒的に混乱した状況なので、理解しやすい工夫がなされなければなりません。たとえば、時間をかけ何回かに分けて説明する、専門用語は使わず平易な言葉で伝える、口頭だけでなく印刷物を用意して読んでわかるように説明し、落ち着いたときに読み返して理解が深まるように、またその場に参加できなかった家族にもわかるようにする、同じ障害をもつ子どもの具体的な成長の様子を専門家自らの経験談から話すなどが望まれます。

また、障害告知はたんに診断名の伝達でないことも指摘されています。伝えるべき内容として、適切な療育についての情報、同じ障害をもつ子どもの家族との交流の機会や家族会の情報、将来の見通しや方向性を指し示す助言、正確で新しい医学情報の提供、障害福祉の現状の説明などがあげられています。

これらは私たち専門家からみても納得のいく要望です。まさに障害を告知する専門家が注意すべきことでしょう。これらの工夫や配慮が欠けるとき、親は必要以上に混乱し、専門家への信頼を失い、深い混迷と抑うつのなかにとどまります。ふたたび外へと歩み出るには、長い月日と他の専門家の援助が必要となります。たとえば、先に述べましたダウン症をもつ子の母親を援助した保健婦の熱心な家庭訪問のような働きかけです。

ところで、医療や相談機関での診断と告知で親は子どもの障害を認識するのでしょうか。一回きりの診断と告知が発達障害の障害告知ではない、私はそう考えています。親が障害を認識していく過程は螺旋階段を登るようなものです。際限なく続く階段の途中で、登ることに疲れ障害を否認したくなることもあります。そのときどきに、実は障害告知が繰り返されているのではないでしょうか。

面接調査で子どもの障害を認識したきっかけを聞くと、意外に医療機関の診断ではなく、信じられる専門家との出会いであり、施設や学校での経験でした。つまり、一生懸命に子どもの排泄の訓練をしている施設職員の姿や、養護学校の教師の子どもたちへの偏見のない自然な姿勢や明るい笑顔でした。たとえば、ある時期、同じ障害児の施設に通った親たちは、その施設での園長や指導員との出会いを、障害を認識するきっかけとしてあげました。そのひとりの母親はつぎのように述べています。

「園に入って先生たちが子どもの世話をしてくれるのを見て、自分ひとりで育てなくてもよくなったんだと実感しました。そうしたら逆に、私もボーっとしていてはいけない、子どもの障害のことを真剣に考えようという気になりました。また園長先生が障害福祉の現状を率直に話してくださったのも心に残っています。子どもの将来のことを考えて気持ちが引き締まりました。みんな真剣に子どものことを考えてくださって、私も障害を真剣に受けとめようと思うようになりました」。

親が障害を認識するのは、病院で診断されたときや、児童相談所で判定結果を聞かされたときや、障害児の療育手帳を発行されたときだけではありません。それぞれの分野の専門家がそれぞれの専門性を大切にして、子どもや家族に接しているときです。実はそれが家族にとってもっとも適切な障害受容の援助になっているのです。そしてその援助こそ障害告知のあるべき姿ではないかと思います。

すでに述べましたように障害受容はきわめて個人的な問題です。障害を認識する過程はそれぞれの家族がそれぞれのペースで進めて行くべきものでしょう。私たち専門家としてその過程を援助するには、障害告知という出会いのときから、家族が主体的に子どもの障害に取り組めるように、専門家としての認識と努力が必要だと思います。

あとがき

昨年の三月、翌月から勤務することになった大学で注意欠陥／多動性障害（AD／HD）に関する講演をしました。講演には福島の小中学校から多くの教員が集まっていました。耳慣れない発達障害の診断名が急速に広がるなかで、多くの人びとが、AD／HDに関心をもっているのでしょう。会場は立ち見が出るほどに盛況で、最後まで誰も帰ろうとはしないほど熱気に満ちていました。

あらたな発達障害に関心が向けられるときに、かならず起きる問題があります。実際には、その発達障害はけっして新しいものではなく常に同じ比率で生じるはずなのに、世間の関心が急速に高まるために、その障害と診断される子どもが増えるのです。そして家族は診断されたあとに何の手当もなく混乱のなかに置き去りにされます。

一九九二年、私は調査研究のために家族と一緒に渡米しました。当時アメリカでは注意欠陥・多動性障害（ADHD）への関心がたかまり、新聞もラジオも、またお昼のトークショーでもADHDが話題になっていました。娘の保育園にも友人の家庭にもADHDと診断された幼児がいました。家庭医に子どものしつけのことを相談すると、決まったようにＡＤＨＤの治療薬が処方されます。それは米国の医療制度のためなのかもしれません。しかし、安易な診断と治療が横行しているという疑念と、やがて日本でも同じことが起こりはしないかという不安を強く感じました。その不安は一〇年後の今現実となって私の目の前に起こり始めています。

私が講演を終え壇上を降りると、二組の夫婦が近づいてきました。その方たちはＡＤ／ＨＤと診断された子どものご両親でした。「きのう、福島でＡＤ／ＨＤの親の会を立ち上げました。乳幼児健診や病院でＡＤ／ＨＤと言われ、途方にくれている家族がたくさんいます。自分たちと同じような苦しさから早く立ち直るために、支えあうだけでなく、何か役立つことを持ち帰れる会にしたいのです。先生がやってらっしゃるペアレント・トレーニングをこちらでもやっていただけないでしょうか」と言います。

この二組の夫婦は、置き去りにされた家族のためにできることを必死で捜していました。そしてペアレント・トレーニングに期待したのです。私は日本でのＡＤ／ＨＤへの関心の高まりと混乱を見越し、親を支援できる方法としてペアレント・トレーニングの開発に取り組んでいました。すでに述べましたが、早期治療の手だてのない乳幼児健診の苦い経験から、ＡＤ／ＨＤにおいても、診断されたまま放置されるという同じ轍を踏みたくなかったからです。

ＡＤ／ＨＤのためのペアレント・トレーニングは難しいことではありません。反抗的な子どものために歪んでしまった親子関係を修正し、子育てに自信を失った親に正しいしつけの方法を身につけてもらうものです。現在「福島ＡＤＨＤの会とーます」の例会でペアレント・トレーニングの活動を行っています。くだんのご夫婦の要望にどれくらい応えられるのか疑問をもちながらの出発でしたが、会のみなさんの協力で着実な家族支援の活動に育っています。

発達障害をもつ子どもの家族支援は、母子保健事業という行政レベルの施策から、私が参加し、行っている家族会でのペアレント・トレーニングのような小さな地域活動まで、その幅はとても大きなものです。それらのなかで、私は直接家族と接する専門家の地道な活動がもっとも大切だと考えます。保健婦、保育士、教員、発達相談員、福祉施設職員のそれぞれの顔が見える支援こそ、家族にとって安心でき、信頼でき、実りが得られるものだと思うからです。

第一線で働く専門家が家族の障害を認識していく過程を理解するために、少しでも役に立つことができればと思い、この本を書きました。私はこれからも家族支援について考え、実践して行きたいと思います。今後の努力のために、率直なご意見とご批判をいただければ幸いです。

最後になりましたが、発達相談で出会ったお子さんのご家族、障害告知の調査に協力いただいたご家族に深く感謝を申しあげたいと思います。また、この本を書くきっかけを与えてくださり、筆の遅い私を忍耐強く励ましてくださった松原さんをはじめ大月書店のみなさんに感謝の意をあらわしたいと思います。

■参考文献

（1）Drotar, D. et.al 1975 The adaptation of parents to the birth of an infant with a congenital malformation: A hypothetical model. Pediatrics 56(5), 710-717.

（2）Kennedy,J. 1970 Maternal reactions to the birth of a defective baby. Social Casework, 51, 410-417.

（3）Olshansky,S. 1962 Chronic sorrow: A response to having a mentally defective child. Social Casework, 43, 190-193.

（4）Solnit,A. & Stark,M. 1961 Mourning and the birth of Defective child. Psychoanalytic Study of the Child (16).New York: International Universities Press. PP.523-537.

（5）田中千穂子、丹羽淑子「ダウン症児に対する母親の受容過程」（心理臨床学研究、七（三）、六八－八〇、一九九〇）

（6）鑪幹八郎「精神薄弱児の親の子供受容に関する分析研究」（京都大学教育学部紀要　九、一四五－一七二、一九六三）

（7）渡辺久子「障害児の家族過程—悲哀の仕事とライフサイクル」（加藤正明・藤縄昭・小此木啓吾（編）『講座家族精神医学』弘文堂、一九八二）

（8）要田洋江「親の障害児受容過程」（藤田弘子編『ダウン症の育児学』同朋舎、三五－五〇、一九八九）

（9）中田洋二郎「親の障害の認識と受容の考察—受容の段階説と慢性的悲哀—」（早稲田心理学年報　二

七、八三–九二、一九九五）

◉著者略歴

中田洋二郎

（なかた・ようじろう）臨床心理士。1948年、愛媛県に生まれる。早稲田大学（心理学）修士課程修了。専門は発達臨床心理学、発達障害をもつ家庭の支援、子どもの情緒と行動の評価に関する研究、ADHDの心理アセスメント。東京都民生局心身障害福祉部、国立精神衛生研究所児童精神衛生部、国立精神・神経センター精神保健研究所、児童・思春期精神保険部精神保健研究室長、福島大学大学院教育学研究科教授を経て、現在、立正大学心理学部教授。

◉企画協力――新日本医師協会東京支部

子育てと健康シリーズ⑰

子どもの障害をどう受容するか

2002年8月1日　第1刷発行
2015年8月10日　第11刷発行

定価はカバーに表示してあります

◉編者――中田洋二郎
◉発行者――中川　進
◉発行所――株式会社　大月書店
〒113-0033　東京都文京区本郷2-11-9
電話（代表）03-3813-4651
振替 00130-7-16387・FAX03-3813-4656
◉印刷――有限会社祐光
◉製本――中永製本

ISBN 978-4-272-40317-2　C0337